精神科医Tomyの

自分を大切にする習慣

しろちゃんと学ぶ心の守り方・癒し方

精神科医Tomy　漫画　植月えみり

フォレスト出版

はじめに

「自分を大切にする」とは？

「自分を大切にする」、よく聞く言葉かもしれませんね。

しかし、これを実行するのって、案外難しいのではないでしょうか？

そもそも、「自分を大切にする」って、何なのでしょうか。

具体的に考えるとよくわかりませんよね。

それもそのはずで、普通大切にするのは〝他人〟なんです。

親を大切にする、子供を大切にする、パートナーを大切にする、仲間を大切にする。これはいちいち考えなくても、何をすれば良いのかイメージはしやすいはずです。

でも、「自分を大切にする」だと、よくわからない。

では、もっとわかりやすくするために、表現を変えてみましょう。

「自分を大切にする」とは、「自分を後回しにしない」ということ。
これなら、もうちょっとイメージしやすいのではないでしょうか？

世の中には、やらなければいけないことが溢れています。
仕事のこと、家族のこと、友人のこと。毎日のように、やらなければいけないことが湧いてきて、ひたすらそればかり……。くたくたになったら、あっという間に1日が終わっていて、もう寝るしかありません。
自分のことを後回しにすると、自分のために使う時間が、ほとんどなくなってしまいます。人生の長さには限りがありますから、気が付けば自分の人生ではなくなってしまう……。
このままだと、「何のための人生なんだろう」と虚しくなるはずです。
だからこそ、自分を大切にすることは大変重要なのです。
しかし、「自分を後回しにしない」と言っても、それでも難しいと感じるかもしれません。「やらなければならないこと」を、やらないわけにはいかないからです。
必要なことを行いながら、自分を後回しにしない。
このバランスを、どう取っていくのかが、重要なポイントなのです。

私は職業柄、さまざまな理由で生きづらくなった方のお話を聞きます。その生きづらさは、ほとんど全てと言っても良いぐらい、自分を後回しにして、大切にしていないことから発生しています。

たとえば、次々に職場の人が辞めていき、自分の仕事量が増え、いっぱいいっぱいになってしまった人。「自分が抜けるとみんなに迷惑がかかるから、どうにもできない」とつらそうに語ります。
こんな状態になっても頭の中にあるのは、職場のこと、上司のこと、同僚の皆のことなのです。

こんなことを言う私も、実は、「自分を後回し」にしてしまった時期がありま す。ひょんなことから自分に託されたクリニックを、一生懸命経営していた時期です。

この経験が自分の書くものの源にもなっており、決して後悔はしていませんが、自分のことを後回しにしていた時期でもありました。

この時期、「私は一生、このクリニックを経営するべきだ」と考え、それを優先していました。

しかし、クリニックの経営というのは、診察だけでなく、管理も重要です。慣れない労務や事務作業が、エンドレスで降りかかってきます。

また、言いがかりに近いクレームや、ランダムに発生するトラブルなどの対応もあり、すっかり疲弊してしまったのです。

その結果、本来は好きな診察に集中することも難しくなり、原稿を書くエネルギーや時間もなかなか捻出できなくなりました。

そんなときに、ふと、「今の生き方は、自分のやりたいことなのだろうか」

と気が付いたのです。それに気が付いたおかげで、今はクリニックを他の先生に継承し、診察と原稿の執筆、メディアでの発信と自分のやりたいことを中心にやっています。

こういった話から考えると、人はいつの間にか「自分を後回し」にする癖が付きやすいと言えるかもしれません。

どうしたら自分を後回しにせず、大切にできるのか。これが人生を左右すると言っても過言ではないと思います。

この本の中では、さまざまな状況にモヤッとし、葛藤する〝しろちゃん〟というキャラクターが登場します。

しろちゃんは、皆様と同じように「自分を大切にする」のが苦手です。でも、周りのいろん

なキャラクターたちのアドバイスを受けて、少しずつ自分を大切にする方法を身に付けていきます。
しろちゃんのストーリーを読む中で、きっと「あっ、自分もそうだ」「こうすれば良いのか」など、いろんな発見があると思います。
この本を通して、しろちゃんと一緒に、自分を大切にする旅に出かけませんか？

精神科医Ｔｏｍｙ

主な登場人物

しろちゃん

素直な性格だが、空気を読みすぎてしまいがちでマイナス思考。自由人な妹、愚痴ばかりの母など、家族の悩みも抱える。

ねこ田ねこ子

しろちゃんの同期。優秀でいなければと気負い、弱みを見せるのが苦手。口は悪いが実は母思い。恋愛をこじらせがち。

針田ウニ

2人の息子と夫の4人暮らしのワーママ。大量のタスクに追われ、言いたいことも我慢しがちで時々爆発させてしまう。

鮎川モキュ

しろちゃんと同じ職場で皆をさり気なくサポートする優しい先輩。変わった飲み物を見つけるとチャレンジしがちな冒険家タイプ。

熊田パンタ

鮎川と同じく、何かと皆をサポートしてまわる。周囲の目をあまり気にせず行動するタイプ。ねこ田が心を許す数少ない相手の1人。

兎沢うさ美

しろちゃんと同期で仲良し。人の良いところを見抜いたり、人を繋いだりするのが得意だが、自分のための行動は苦手。

CONTENTS

第1章 自分を大切にするための仕事の習慣

第2章

自分を大切にするための人間関係の習慣

第3章 自分を大切にするための自分自身の習慣

第4章 自分を大切にするためのパートナーシップの習慣

第5章 自分を大切にするための家族関係の習慣

ブックデザイン
chichols
DTP
二神さやか
校閲
剣筆舎
企画・編集
時奈津子

第1章

自分を大切にするための仕事の習慣

1

報連相が苦手で話すタイミングもわからない

リーダーや上司などへの報連相って、「相手からどう思われるか」を考えはじめるとできなくなるんです。

ですから、タイミングは予《あらかじ》め決めておくことを習慣にすると良いですね。「毎週一度は報告します」とか、宣言しても良いと思います。何もないときは「何もない」と報告すれば良いんです。スケジュールさえ決めてしまえば、報告されるほうもするほうも自動的に報連相しやすい状態になりますから。

そして、どんな小さなことも基本は確認をしたほうが良い。むしろしなければいけないと思ったほうが良いです。ミスがあったとき、事態が小さなうちに気付いてもらえるほうが良いからです。

ちゃんと報告できることが、むしろ誇りです。

会社
しろちゃん この資料、プレゼン用に まとめておいてー
はい
えーと これをこうして…
このデータを使うって ことで合ってるのかな…？
このままで 大丈夫なのかな？
あれ？
2024年
2022年
トラブル!?
………
あーもう！忙しいのに
なんで こんな時にー
イライラ
イライラ
あっ…
どうしよう 話しかけられない
忙しそう…
でももし間違えて いたらいけないし…
やっぱり…
これ 間違えてない？

時間なくなるよー
しろちゃんお昼行かないの?
もうお昼!
午前中 何もやってない
コンビニ
ハーーーッ
ため息ついてどうしたの?
何も進まなかった…
上司に報告したりわからないことを聞くのが苦手で…
もじもじ
でも、こんなこともわからないのかと思われそうだし…
モヤモヤ
こんなこともわからない
うまくいかない
いてない
仕事できない
能力がない
ズッシリ
いちいち確認しないとできないなんて…
ズーーン
自分がふがいない…

始業してすぐとかキリの良いところで報連相するって決めてみたら？
タイミングを事前に決めたら苦手でも習慣にできるかな…
昼休み明け
よし、13時!!
ターッ
部長！さっきの資料なんですけど
たしかに…
そっか、このデータじゃないほうが良いね
気付いてくれてありがとうしろちゃんの案にしておいて！
確認して良かった…
ホッ

2

自己嫌悪の気持ちを引きずってしまう

うまくできなかったことは、自分の肥やしなんです。誰だってうまくできないことはあります。上司にだってあります。だから、アナタがうまくできなかったことは、そんなに周りは気にしていないと思います。

これはゲームなのです。「次はどう工夫しようか」「何を変えようか」と試行錯誤すれば良いのです。

また、ネガティブな気持ちを引きずっているときは、単純に疲れているのかもしれません。ちょっと気晴らししたり、休んだり、別のことに取り組んだりして、自分をいたわることも大切です。

気持ちを引きずりやすいのなら、気持ちが晴れるまで待てば良いんです。

会議室
…について発表します
えーっと、こちらをご覧ください
あれ？表示されない
まっしろ
えーと、あの…お手元の資料をご覧ください
あれ？
あわあわ
全然違う資料だけど…
えっ
ほんとだ…
会議後
は〜〜っ
全然ダメだった…
パタン
しろちゃんちょっと
ビクーッ
はいっ
絶対怒られる〜っ
はぁ…

ここはもっと
こうして…
伝え方ももっと…
はい…
すみません…
帰り道
自分はなんて
ダメなんだ…
いつも
うまくいかない…
空回りして
ばっかり…
しく しく
ううっ…
あれ?しろちゃん
どうしたの?
ビクーッ
自分は
ダメな人間
なんだー!!
何があったの?
会社で
こんなことが
あって…
誰だってうまく
いかないときはあるよ
ぼくだって
今日、財布忘れて
とりに帰ったし…

これはゲームだと思って次どうするか考えるのはどうかな
次、次!!
できないできないよ〜
ムリーッ
じゃあ今日は気持ちが晴れるまでおしゃべりしよう！
おかし いっぱい 買ったんだ〜
わ〜
食べよー
きたよ
なんか元気出てきたかも
切り替えて次頑張ろーっ
後日
準備万端！
よし！
これはこうで…
こちらの図をご覧ください…
テキパキ
会議後
しろちゃん、やればできるじゃない！
テレ〜

イライラしている人がいると何も手に付かない

イライラしている人が近くにいるときは、なるべくその人とはやりとりしない。静かにしておくのが一番です。

感情というのはピークが決まっていますので、冷めるまで置いておくのが一番ですね。その間は、自分のやるべきことに集中すれば良いんです。

もし、その人とやりとりしなければならない用件があったら、後回しにできるものは後にしたほうが良いでしょう。イライラしているときに刺激を与えると、イライラがひどくなったり長引いたりしますから。

あと、イライラしている人がいるから手に付かないのではなく、何も手に付けていないと余計気になるんですね。むしろ手を付けて、そこに集中する習慣が身に付くほうが良いのです。

イライラ
イライラ
バサバサ
ドンッ
ビクッ
すごくイライラしてる…
はぁ〜
私が何かしちゃったりしていないかな…
皆気にならないのかな…
イラ〜
イラ〜
気になって集中できない…
お昼
はぁ…ちょっと外の空気吸ってこよう
しろちゃん
お疲れ様〜

お疲れ様…
どよ～ん
どうしたの？
元気ないね
リーダーがイライラしてて
集中できないんだ…
なんだか自分が
責められてる
みたいな気がして…
そうかぁ、
それはつらいね
うん…
そういうときは
深呼吸でもして、
リーダーに近づかずに
静かにしていると良いよ
その状態でも集中
できる別のことを
するのはどう？
会社
キョロ
キョロ
集中できること…
そういえば、
会議室が資料で
散らかっていたから
片付けようかな

てーっ
シーーン
もくもく
よいしょ
よいしょ
イライラ、収まってるみたい
1時間後
ふう
おわったー
ガチャ
あれっ
会議室、キレイになってる!?
へへへ…
しろちゃん、ありがとう
気にしないで目の前のことに集中するって大事かも…！

4

人に頼ることができない

こちらも、報連相の項目と同様です。定期的に報告するようスケジュールを組みましょう。1日1回、1週間に1回などと決めて、必ず自分の状況を報告します。

報告さえすれば、何か問題があったときに「実はこんな状況で」と助けを求めやすくなります。

ぎりぎりまで抱え込んでしまうのが、頼れなくなる原因です。

まずは定期的な報告を習慣付けましょう。

カタ
カタ
しろちゃん この資料をまとめてほしい
はーい
あ！しろちゃん
ピー
ガシャン
ガシャン
ごめん、この資料急ぎでお願い！
あ、えーっと…
えっ
ねっ
ちゃちゃっと頼むよ～期待してるんだから！
は、はい…

結局
引き受けちゃった…
はぁ〜〜っ
どうしよう
間に合わない…
忙しそうだね
どうしよー
ひょこっ
忙しくても
頼まれると、つい
引き受けちゃって…
プレッシャー
期待
仕事
他の人の
手を借りることは
悪いことじゃないよ
でも、なかなか
言いにくくて…
できた？
まだー？
1日1回、仕事の状況を
報告してみたら？
1日のスケジュール
AM ・資料まとめ ・打ち合わせ
PM ・プレゼン準備 ・会議まとめ

うー
わかった
やってみる
あの、課長…
この仕事で今、
手一杯なんです
すぐに
取り掛かれません
ドキドキ
そっかー
じゃあしょうがない
高橋さん
今手が空いてる?
大丈夫です!
じゃあお願い
ありがとう…
早めに言ってくれて
良かったよー
ほっ
言って
良かったー…

アイデアや提案を他人が自分の手柄にしてしまう

何か自分の意見を言う機会があったら、「あのときの会議で私が言ったことが採用されたんですね。嬉《うれ》しいです」と言うのも良いかもしれませんね。今回は、なあなあにされるかもしれませんが、少なくとも相手にけん制することはできるはずです。

また次からは、自分が発言したときに、ちゃんと証拠が残る形にしたほうが良いかもしれません。口頭では伝えずに、署名入りの企画書で提出するとか、メールでやりとりするとかですね。その人は「人のアイデアを盗る人だ」と日頃から認識した上で行動するのが一番良いです。

会議中
おつかれ〜
次の販促活動だけど新しい企画がある人〜
え〜と
ドキ　ドキ
はいっ!
SNSと連動したキャンペーンはどうですか?
へーそれ良いね
面白そう!
じゃあ、その案を採用!上に報告しとくわ
はいっ
後日
部長〜あの案、僕が考えたんですよ!
へーすごいじゃん
え!?

リーダーが考えた案
みたいになってる!!
全体集会
リーダーの狐嶋君の
アイデアを採用しました
パチ
パチ
私が考えたのに……!
ひどいよ〜!!
帰り
やけ食い
してやる!!
ハッ
どうしたの
私が考えたアイデアを
リーダーに盗られちゃった…
そう
なんだ…
皆がいるところで
言ってみたら?

う〜言いたい…!
グッ
次の会議
いやー狐嶋君のアイデアは良いよね〜
よし
今だ…!
リーダー、あの会議で言ったことを採用してもらえて嬉しいです!
!?
え、しろちゃんが考えたの?
あ〜あれね…
はい、実は…
まぁ、その…僕がブラッシュアップした案を提出しました
元々はしろちゃんの案ですよ
そうか、すごいじゃないかしろちゃん
ちゃんと認められて良かった
次も頑張ろう…!。

6

失敗をいつまでも引きずってしまう

気持ちだけを切り替えることは、もともと困難です。しかし、気持ちは外的要因に簡単に左右されます。ですから、環境を変えるのが近道です。

たとえば、場所を変えること。トイレに行くだけでも多少気持ちが切り替わります。図書館、お風呂、時間があれば旅行ももちろん良いのです。新しい場所へ意識が向きますから、気持ちが切り替わりやすくなります。

また、行動を変えるのも良いです。行動を変えると、同時に気持ちが切り替わります。家事をはじめれば家事について考えますし、勉強をはじめれば勉強のことを考えます。結果として、気持ちは切り替わっていきます。

気持ちを直接なんとかする必要はありません。クヨクヨしたら、場所や行動を変えることを習慣にすると徐々に切り替え上手になっていきます。

しろちゃん、ちょっと！
イヤな予感…
はい…？
発注ミスしてるよ！一桁違う!!
え!?
変更できるか確認してみるけど本当に気をつけてよ！
あわわ
はい…申し訳ありません…
はぁ…なんて自分はダメなんだ…
変更できなかったらどうしよう…
もっとちゃんと確認しておけば良かった…
クヨ
クヨ
失敗ばかり…

はぁ・・・
どんより…
しろちゃん、ちょっと打ち合わせしたいんだけどあっちで話せる？
よいしょ
はい、これ
気持ちを切り替えられないときは場所や行動を変えると良いよ
これでも飲んで少し休憩したら良いよ
ありがとう…
うん…
じゃ またあとで

部長!
次からは自分でダブルチェックして同僚にも見てもらうようにします
さっきの?変更できた
次から気をつけて
ほっ…
ごくっ
ほっ
だんだん心が落ち着いてスッキリしてきた
よし!
リフレッシュ完了!
気持ちを切り替えよう!
クヨクヨ
スッキリ!
場所や行動をうまく使って、切り替え上手になるぞ
クヨ

自分に何が向いているのかわからない

自分に向いている作業の系統を知るのは、有意義なことです。しかし、必ずしも得意なことを仕事にできなくても良いと思います。なぜなら、得意なことを仕事にできるケースは、限られているからです。もしそれが可能だとしても、得意な仕事にすぐたどりつくわけではありません。

今やっている仕事を通して、自分の得意な作業、そうではない作業を知るのが先決だと思います。また、苦手な作業でも、「どうしたら自分にとってやりやすくなるか」を考えることが大切です。

日々、目の前の仕事を大切にしながら自分の適性を磨くことで、「こんな仕事をやりたい」とイメージが少しずつできると思います。その上で、タイミングが来たら部署異動を申し出たり、転職したりするのが良いでしょう。

朝
はぁ…気が重いなぁ
ピッ
昨日もまたミスしちゃったし
計算ミス!
プレゼン
あれ?
ハア…
この仕事、向いてないのかなぁ
どうやったら自分に向いている仕事が見つかるんだろう
仕事
仕事
仕事
Station
得意なことで楽しく稼ごう!
うーん別に得意なこともないし…
お昼休み
転職サポート
あなたにぴったりの職業を見つけよう!

何を見ているの？
今の仕事向いてないかも
どうして向いてないと思うの？
えーっ！
しろちゃんが作る資料、いつもすごくわかりやすいよ
そうかな…？
確かにたまに褒められるかも
見やすいじゃん
でも数字が苦手でミスも多いの…
ハア〜〜
事務の人にエクセルを教えてもらうとか…？
事務のカピ村さん
なるほど、聞いてみる

これはこうやって…
なるほど！
そんな方法があったんですね！やってみます！
これOK！
しろちゃん最近、ミスが減ってきたね！
ありがとうございます
よかった〜！
書店
どうやったらもっと読みやすい資料になるかな？
これよさそう！
できる人の資料づくり
売上No.1
レベルアップ！
毎日の仕事、少しずつ楽しくなってきた！

自分の意見を口に出せず　つい飲み込んでしまう

後になってから言うほうがより大変になるので、なるべくその場で伝えるほうが良いです。

その練習のためには、「必ず自分の意見を1つは言う」ぐらいの気持ちでとりあえず一言言いましょう。

それも難しければ、**自分の意見を、まずメモする習慣を付けてください。**

ある程度整理した上で、タイミングを見て発言してみます。

メモのまま見てもらっても大丈夫です。

診察でも、その場で言いたいことが言えない患者さんの場合、メモに書いてきてもらうことがあります。

A案の方向で進めようかと思います
じゃあ終わります
おつかれさまー
ハッ
また何も言えなかった…
うーん、あそこを変えたら良いような気がする…
よ〜し次こそ…!!!
意見がある人〜
大丈夫でーす
いいと思います
あっ…
一言だけ!一言だけなら言えるかも
ひくーい ハードル
どうしよう…
言いたいけど皆賛成しているし…
次の会議
企画案
：販売
何か意見がある人

…何もなければ
これで…
はいっ!
ドキドキ…
キンチョ〜〜ッ
これこれこれに
するのはどうですか?
シ〜〜ン…
サーッ
わ〜
言っちゃった…
へーその案
良いね
たしかに
やってみても良いかも
ほっ
思い切って
やってみようかー
勇気出して
良かった〜!

第2章

自分を大切にするための人間関係の習慣

9

他人を優先してばかりで自分に時間を使えない

方法は2つあります。1つは自分の用件を先にすることです。自分のやるべきことを先にやって、時間が残れば他人のことをやってください。徹底すると、「どれだけ他人に使える時間があるのか」がわかってきます。

他人のことまでできなければ、「ごめんね、時間の余裕がなかった」と謝れば良いだけのことです。もともと相手がやるべきことなんですから。すると、次から安易には頼んでこなくなるでしょうし、一石二鳥です。

もう1つは頼まれても即答しないことです。「確認してから返事をするね」と一旦案件を預かることで、断るかどうかを考える時間が作れます。

また、子供の世話や親の介護の場合、手を抜くことも大切です。優先順位をつけ、本当に必要なことをできればやることを明確にしましょう。

針田さーん
これやって もらって良い？
はい！
期待されてる…
カタ
もっともっと頑張らなきゃ
カタ
もうお迎えの時間！
あ！
持ち帰ってやるか…
帰宅
ごはん まだ〜？
ちょっと待ってねー
お風呂
わ〜！
寝かしつけ
早く寝なさい！
はぁー 疲れた…
スヤー
まだ仕事？
ただいまー
持ち帰りの仕事しなきゃ
先寝ててー
次の日
ねむー…

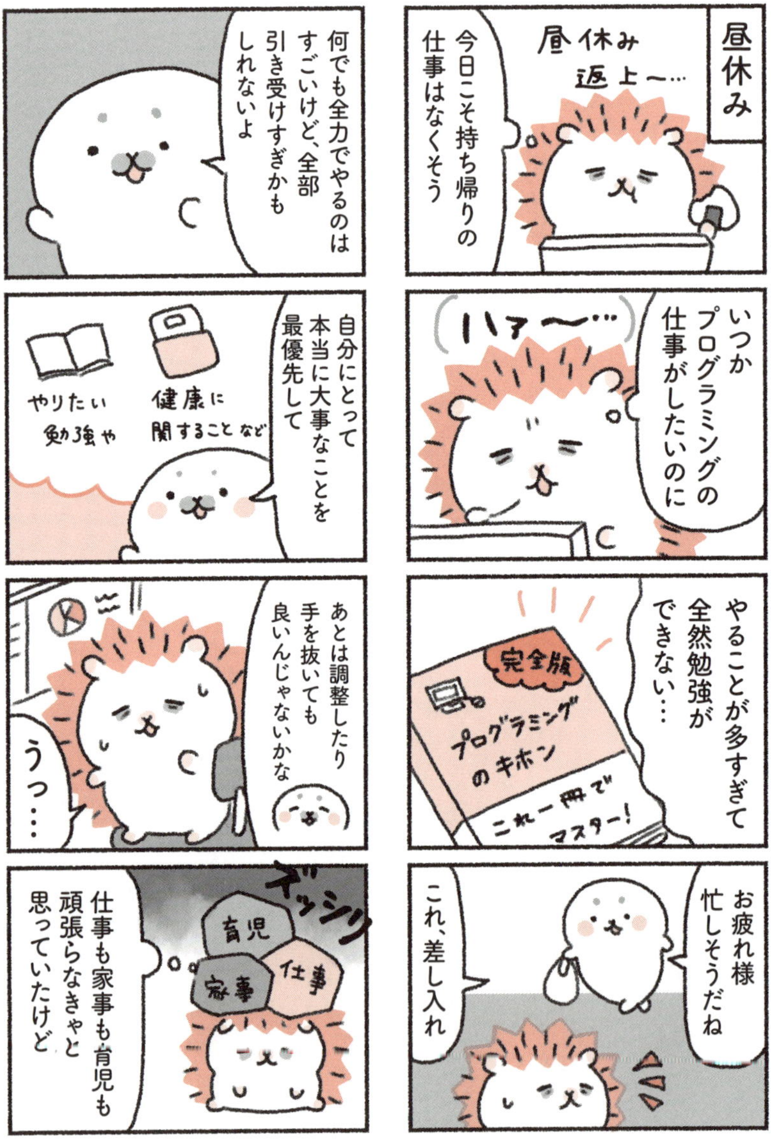
昼休み
昼休み返上～…
今日こそ持ち帰りの仕事はなくそう
いつかプログラミングの仕事がしたいのに
(ハァ～…)
やることが多すぎて全然勉強ができない…
完全版
プログラミングのキホン
これ一冊でマスター!
お疲れ様 忙しそうだね
これ、差し入れ
何でも全力でやるのはすごいけど、全部引き受けすぎかもしれないよ
自分にとって本当に大事なことを最優先して
健康に関することなど
やりたい勉強や
あとは調整したり手を抜いても良いんじゃないかな
うっ…
仕事も家事も育児も頑張らなきゃと思っていたけど
育児
家事
仕事
ズッシリ

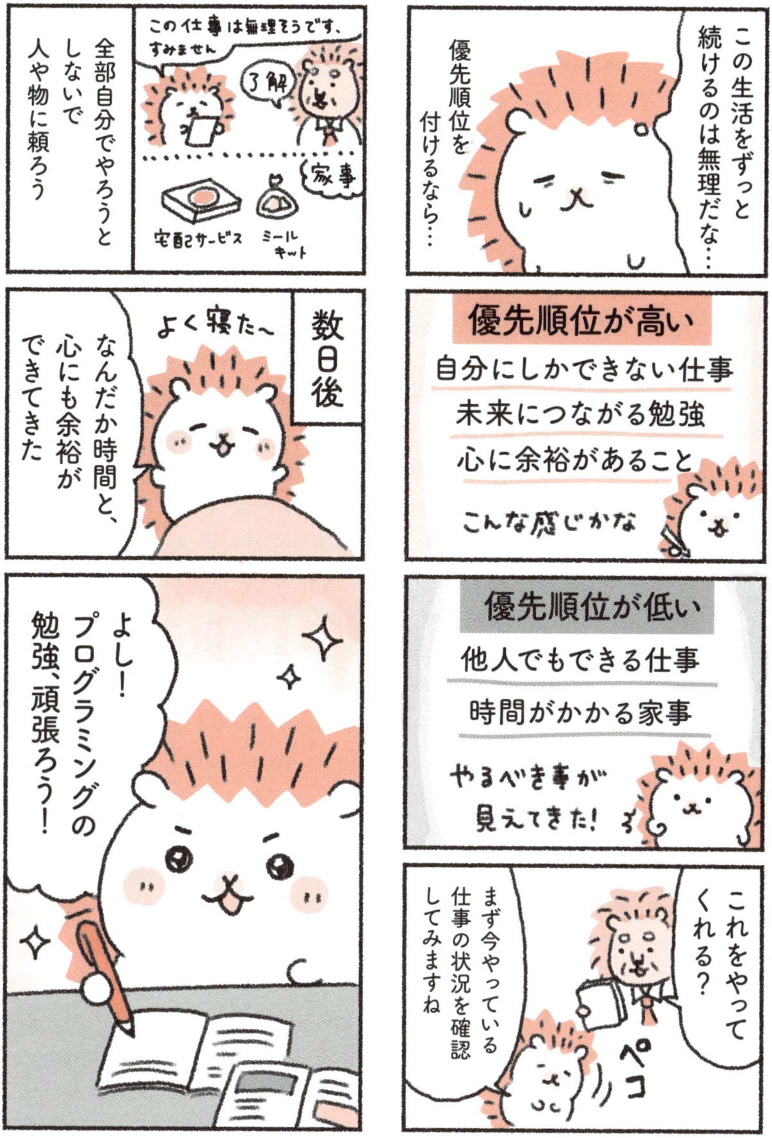
この生活をずっと続けるのは無理だな…
優先順位を付けるなら…
優先順位が高い
自分にしかできない仕事
未来につながる勉強
心に余裕があること
こんな感じかな
優先順位が低い
他人でもできる仕事
時間がかかる家事
やるべき事が見えてきた!
これをやってくれる?
ペコ
まず今やっている仕事の状況を確認してみますね
この仕事は無理そうです、すみません
了解
家事
宅配サービス
ミールキット
全部自分でやろうとしないで人や物に頼ろう
数日後
よく寝た〜
なんだか時間と、心にも余裕ができてきた
よし!プログラミングの勉強、頑張ろう!

10

何を話して良いかわからず、会話も続かない

無理して話し上手になる必要もないのですよ。会話の得意不得意はどうしてもありますから。ですから、2人になる機会を避けるのも1つの手です。そして、無理して会話をする必要もありません。沈黙でも構わないのです。無理して話そうとするから、余計ぎこちなくなり、さらに苦手意識が出てくるようになります。

2人きりになったら、まず相手の話を聴いて、相槌《あいづち》を打ってください。それでも会話がなくなったら、静かにしていても良いのです。

でも2人でいるときも、一緒にお茶をしていたり、散歩していたり、何か行動していますよね。その行動から話題を広げると話が発展しやすいです。「これ美味しいですね」「あっちのほうへ行ってみましょうか」とかね。

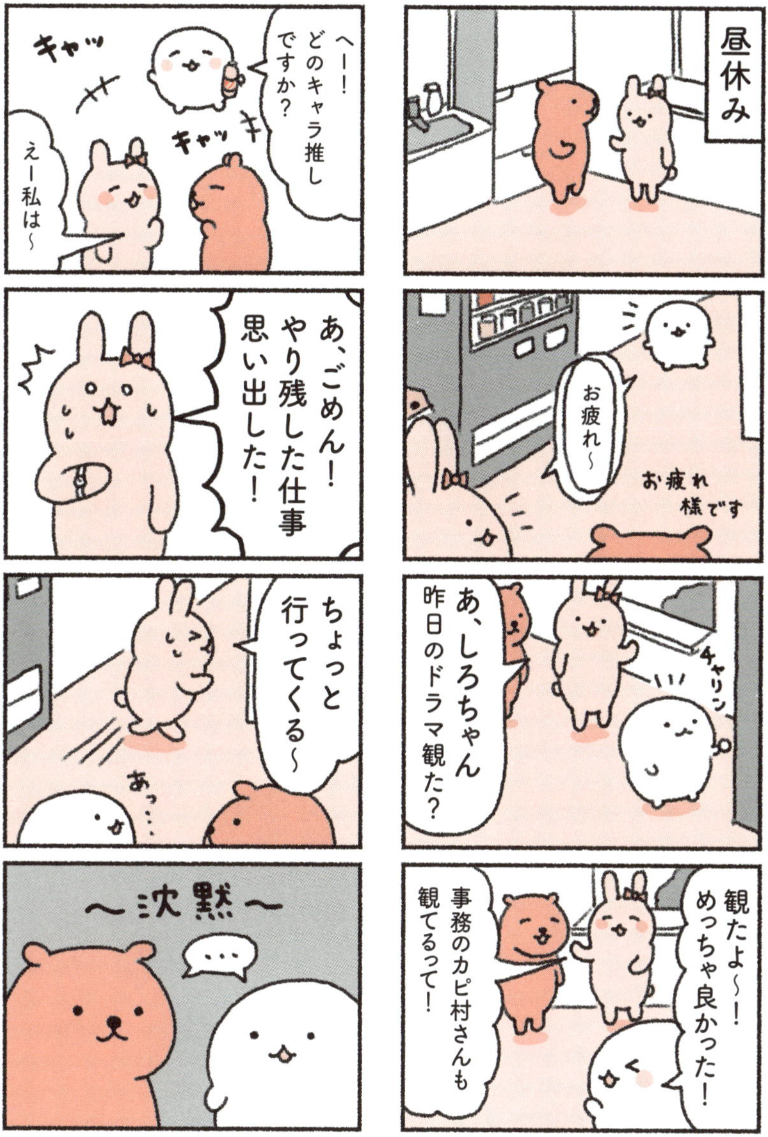
昼休み
お疲れ～
お疲れ様です
あ、しろちゃん昨日のドラマ観た？
チャリン
観たよ～！めっちゃ良かった！
事務のカピ村さんも観てるって！
キャッ
へー！どのキャラ推しですか？
キャッ
えー私は～
あ、ごめん！やり残した仕事思い出した！
ちょっと行ってくる～
あっ…
～沈黙～
…

帰るタイミングをなくした…
えーと あの〜…
カピ村さん、前にちょっと話したことがあるけど
無理に話して空回った
あんまり盛り上がらなかったんだよな…
えーと何か話題…
ん？しろちゃん
困ってる…？
お疲れ様〜
お疲れ…！
お疲れ様です
最近、自販機のこのジュース好きなんだ〜
栗
ジュース
あー、最近入ったやつ！
美味しいですか〜？
わい
わい
栗!?
栗

じゃ私はこれで…
お疲れ様です!
知り合いくらいの距離感の人と2人でいるのって緊張する…
ふぅ…
何を話したら良いか、わからないんだよね…
今みたいに目に入るものから話題を広げてみたら?
なるほど…目の前のことからだったら簡単にできそう
天気
自販機
などなど
空回りするなら無理して話さなくても良いと思うよ
そっか、空回りして後悔するなら頑張って話かけなくても良いのかも…
自然体でいよう!

11

どうせ自分は嫌われるのだと思ってさびしくなる

基本的に、誰かに自分を理解してもらうこと、他人を理解することはできません。ですからお互い様なのです。そういう意味では、人は本質的に孤独なものです。でもそれで良いのです。それでもなんとか相手を知ろうとしたり、コミュニケーションをとったりする。それで充分なのです。

それより問題なのは、なぜ「どうせ自分は嫌われる」と思うかです。これでは何が問題か、何を変えれば良いかが全くわかりません。そう思う理由や状況を分析してみてください。５Ｗ１Ｈで考えると良いと思います。

理由が明確になれば、自分の変えてみるべき点が出てくると思います。やってみたら意外と単純な話だったりすることもあります。自分の問題を明確にして、アレコレやってみる習慣を付けることも大切ですよ。

W.C
お疲れ様～
あ、お疲れ…
この前、部長がさ！
ごめん、急いでるから先行くね
そそくさ
・・・
私、嫌われたのかな…
どうせ自分は嫌われるんだ…
はぁ…
帰り
ガタン
ゴトン～
モヤモヤ
なんでそう思うの？
ピクッ

何かあったんだっけ…？
モヤモヤ
モヤ
学生時代
おーいニャンちゃん
帰ろ！
プイッ
これからはみーちゃんと帰るから
………
だってさ〜
…
…なんで自分は嫌われるって思うんだろう
私が何かしちゃったのかな…
トボトボ…
あの時も理由がわからないまま疎遠になっちゃったな

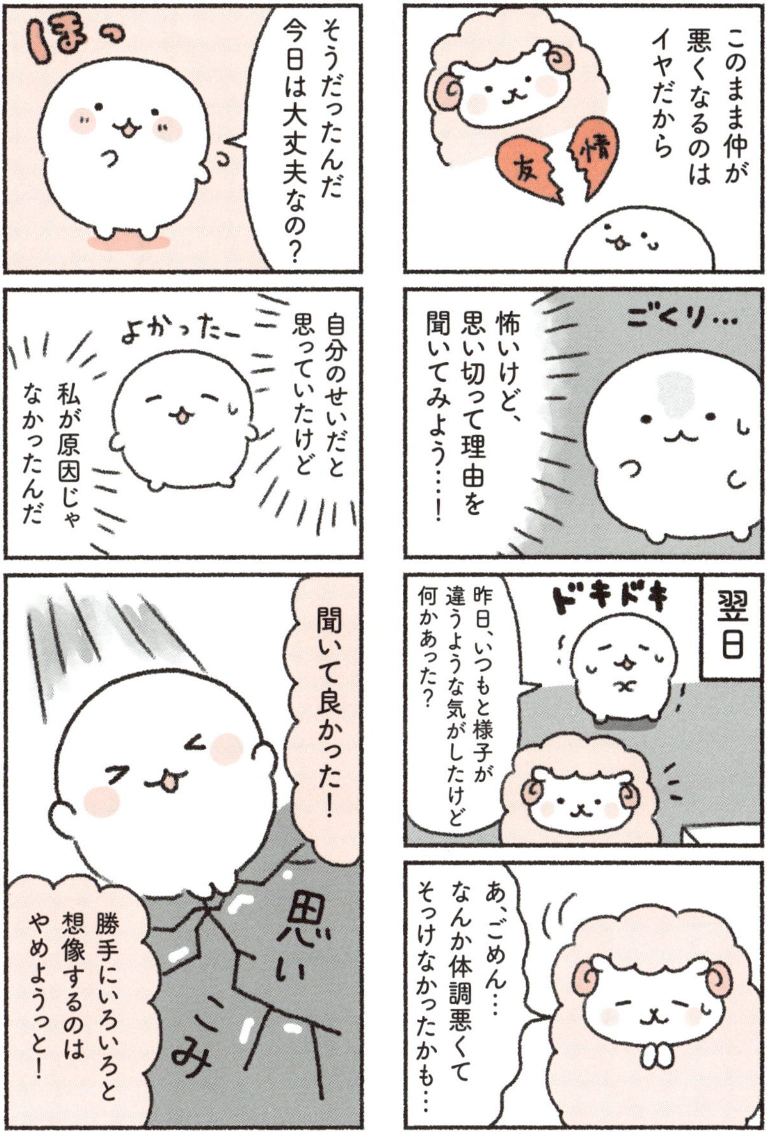
このまま仲が悪くなるのはイヤだから
友
情
ごくり…
怖いけど、思い切って理由を聞いてみよう…！
翌日
ドキドキ
昨日、いつもと様子が違うような気がしたけど何かあった？
あ、ごめん…なんか体調悪くてそっけなかったかも…
ほっ
そうだったんだ今日は大丈夫なの？
よかったー
自分のせいだと思っていたけど
私が原因じゃなかったんだ
聞いて良かった！
思いこみ
勝手にいろいろと想像するのはやめようっと！

12

悩みがなさそうと言われるけれど元気で明るいのは人前でだけ

「悩みがなさそうで良いね」って考えようによっては失礼ですけど、明るくて楽しそうな人にも使う表現です。相手は褒めているのかもしれません。それにおそらく言った本人もよく覚えていないようなセリフですよ。

言葉って結構適当です。自分がさっき言ったセリフもたいがい覚えていないでしょ。日常的に使う言葉は、ネガティブに受け取ろうと思えばいくらでもできてしまうし、あまり意味のないものが多いと思いましょう。

他人の言葉をあれこれと考えてしまうのは、〝頭がお暇〟なんですよ。目の前のことに集中できず頭がよそごとを考えてしまうのが〝頭がお暇〟な状態です。こんなときは環境や行動を変え、目の前のことにフォーカスしましょう。疲れているのなら、しっかり食事と睡眠をとることも大切です。

朝
ハァ〜
気が重いけど今日も頑張るか〜
おはようございます！
おはよー
私がやります
いいの!?
ボクが若い時は〜
さすがです!!
夕方
よぼよぼ
はぁ…疲れた
波風立てず明るく振る舞うの、疲れるなぁ
よっ！しろちゃん君はいつも悩みがなさそうで良いね〜
隣の部署の宮内さん…
イラッ
あぁ〜はい…
お先に失礼します〜
お疲れ〜

本当は頑張って明るく振る舞っているのに
何も考えてないと思われていて
キーッ!
悔しいっ
ど、どうしたの?
ハッ
会社で能天気なやつだと思われてるのが、イヤッ!
それって相手からしたら褒めているのかも
いつも明るくてほがらか
でも傷ついた…
ズーン
う〜ん
疲れていると余計なことを考えるから今日は美味しいものを食べて
さっさと寝ちゃおう!
おーっ
え〜

HP
まぁでも確かにマイナス思考になっているのかも
帰宅
デザートにアイス食べちゃお〜！
好きな芸人さんのラジオ配信されてる〜！
スヤ。。。
チュン
チュン
うーん、よく寝た！なんだか良い気分〜
会社
おはよ〜今日も元気そうだね
悪気なく、良い意味で言ってくれているのかも
おはようございます！今日も元気です!!

自分が誘ってばかり／誘うことが苦手

1人でいるほうがラクなら1人でいて良いんですよ。そして、1人でいるラクさよりさびしさが上回ったら誘えば良いんです。無理に「○○しなきゃ」なんて思う必要はない。ことに人間関係は尚更です。自然体じゃない人間関係って結局続きませんからね。どっちが誘うかなんてのも気にしなくて良い。自分が誘う一方でも、誘われる一方でも良いんです。どっちかがイヤだったらどのみち成立しないんですから。

「人間関係、こうじゃなきゃ」って心のどこかで思っていると、いらないストレスを抱えます。自分が自然体でいることが一番です。

お、今日は早く仕事が終わりそう
サクサク
気になっていたレストラン、うさ美ちゃんを誘って行こうかな〜
あれ？そういえば…
はっ…
誘っているのはいつも私からな気がする…
しろちゃん今日はもう仕事終わり？
ハッ
う〜ん
もじ
もじ
実は迷惑だと思われていたりして
ごはん行こ〜
うん
あんまり行きたくないけど…
どうしよう…

だったら飲みに行こうよ!
えっ
ちょっとメールを1通送ってくるから待ってて!!
あっ…
ぐだぐだ
リーダーと飲みに行くと愚痴ばっかりなんだよな～…
気を遣うし疲れそう
でも断りづらいし…
はぁ…
リーダーと行くなら1人がラクかも…
リーダー、すみません! 今日は予定があるので早めに帰ります
あ、そうなの?
定食
近くのよく行くごはん屋さん
思い出した 私、1人でいるのも好きだった

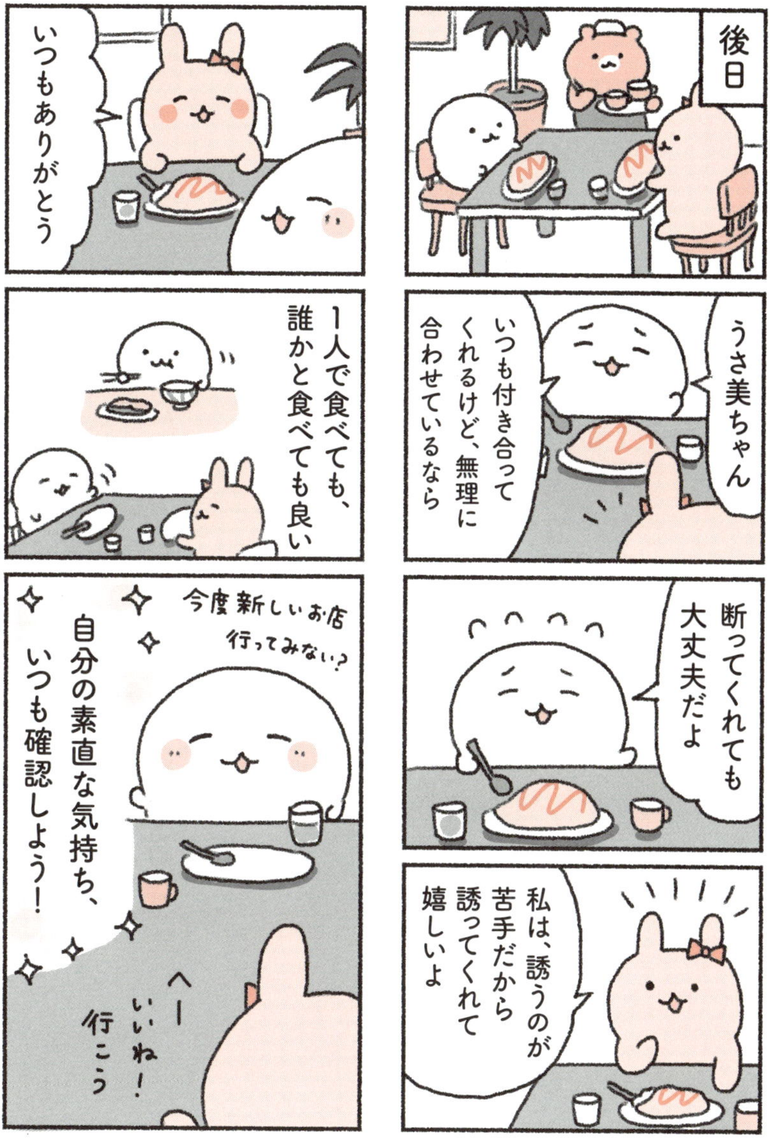

いつもありがとう
後日
うさ美ちゃん
いつも付き合ってくれるけど、無理に合わせているなら
断ってくれても大丈夫だよ
私は、誘うのが苦手だから誘ってくれて嬉しいよ
1人で食べても、誰かと食べても良い
今度新しいお店行ってみない？
へー いいね！行こう
自分の素直な気持ち、いつも確認しよう！

14

他人の言葉や態度を悪いほうに受け取ってしまう

たいていのことは思いこみです。

嫌味である可能性もゼロではないのですが、そういう面倒なことをする人はあまりいません。そういうことをする人であれば、既に「あの人は厄介だから気を付けて」などと評判になっているでしょう。

思いこみで動くほうが、相手への自分の印象が悪くなります。そうなるくらいなら嫌味が通じない人間であるほうが好印象です。

また嫌味だったとしても、相手に通じていないのであれば、嫌味をあまり言わなくなります。

戦略としては、言葉通りに解釈するのを心がけるのが一番。冷静に考えれば、アナタは何も悪いことをしていないのに、嫌われるわけがないのです。

とある朝
うわーッ
ゴミ出し急げー!!
ゴミ
おはようございます
ペコッ
ガサ
ガサ
あれ？
・・・
ムーーーッ
ハア…
おはよ～
ん？どうしたの
住民さんに挨拶したのに無視されて
しょんぼり…
イヤな感じだった

気にしないで
そういう人もいる
ガサガサ
それかゴミ出しの音で気付かなかったか
うーん…
イヤホンをしていたとか？
あ…
イヤホンをしていたかも…
数日後
ガチャ
あ、また
あの人だ…
挨拶しようかな
どうしようかな…
一回だけでイヤな人って
決めつけたら
良くないよね…

よし!!
おはようございます!!
おはようございます
あれ?普通に挨拶を返してくれた
木曜日にも朝お見かけしたんですがこの時間にゴミ出しをすることが多いんですか?
すみませんもしかして前にも挨拶してくれました?
イヤホンしてて…すみません
そうだったんだ…
眠気覚ましにロックを大音量できいてて…
じゃ○○とか好きですか?
え!!大ファンです
ほんとに!?良いですよねー
じゃまたー
ホク
ホク
すぐに決めつけるのは良くないな…!

友達の作り方がわからない

友達なんて無理して作るものではありません。無理してもいずれフェードアウトしてしまいます。自然と話が盛り上がったら、流れに任せれば良いのです。そんな人は、もちろんどこにでもはいません。もともと友達って〝貴重なもの〟なんです。そして出会う人数が少なければ、出会える確率も下がります。ですから定期的に新しい人と会う機会を作りましょう。

たとえば、新しい環境を作ること、新しい場所に顔を出すことです。ジムに通えばジム友が、サークルに入ればサークルの友達ができるかもしれません。もちろん、ネットでも良いのです。良い出会いがあれば「迷惑じゃないだろうか」と考える前に予定ができるもの。気になって進まないなら、その人は友達になりにくい相手ということです。

休日
ゴロゴロ
暇だなー
くま美ちゃんは土日も仕事だし
サービス業
ペン子ちゃんは子供が産まれて忙しそうだし…
ふと…
新しい友達ってどうやって作れば良いんだっけ…
友達　作り方
ポチ
気軽に話しましょう!
お気に入り
へー友活っていうのがあるんだ
友達作るぞ〜!!
ドキドキ
早速参加してみよう!
当日
わいわい
わい
…
ポツン
帰り道
皆盛り上がっていたけど友達はできなかった…
トボトボ…

おひさ〜
しろちゃん久しぶり〜
あ、お姉さん！
ちょうどケーキを買ってきたから一緒に食べよう
やった〜
おじゃましまーす
どうぞー
今日、友達作りのオフ会に行ったけど誰とも仲良くなれなかったんだ〜
へーすごいね
お姉さんって友達が多いけどどうやって作ってるの？
う〜ん
私も興味のある所に行ったりしてるよ
でも、無理して友達を作るんじゃなくて
お互いに話したいと思ったら自然に仲良くなるんじゃないかな
しろちゃんも私と話したいと思ってくれたんでしょ？
こくこく

財布落としましたよ
あっ
そういえばお姉さんと仲良くなったのも
無理して話しにいってなかったなぁ
えっ!?
ていうか財布、私と一緒〜!!
そうだ!!
前から気になっていたヨガ教室に行ってみようかな
ゴーゴー!
後日
ぷるぷる
〜レッスン後
私、あのポーズが苦手なんですよ
すごいですね
無理して作らなくても友達ができるときは自然にできるかも…
コツ教えて下さい〜
えーとこんな感じで…

16

相手のために頑張っても怒りを買ったり文句を言われる

基本的には、相手に期待してはいけません。他人のために何かをしたいときは、純粋にアナタがそれをしたいときじゃないといけません。純粋にやりたいことであれば、相手の反応は気にならないはずです。

もしそれが気になるのであれば、それは相手に期待している証拠。どうしてもやってあげたくて仕方がないことだけやる。それ以外は相手のためにやる必要はありません。

この観点でいくと、怒りを露《あら》わにしたり、嫌ったりするような人には、「何もしてあげたくない」と思うはずです。すると、自然とそんな行動はとらなくなります。純粋に相手の笑顔が見たい人にだけ、何かをすれば良いのです。

お疲れ様ー
お先です
父が5年前に亡くなり、母は1人暮らしに
週3日、仕事帰りに実家に寄っている
スーパー
惣菜を買って行こうかな
和食で健康に良さそうなやつ…
お母さん、腰痛いって言ってたし掃除もしなきゃなぁ
ただいま～
おかえり～
惣菜買ってきたよ
はい
え、またあのスーパーの？
あんまり美味しくないんだよね～
ムッ

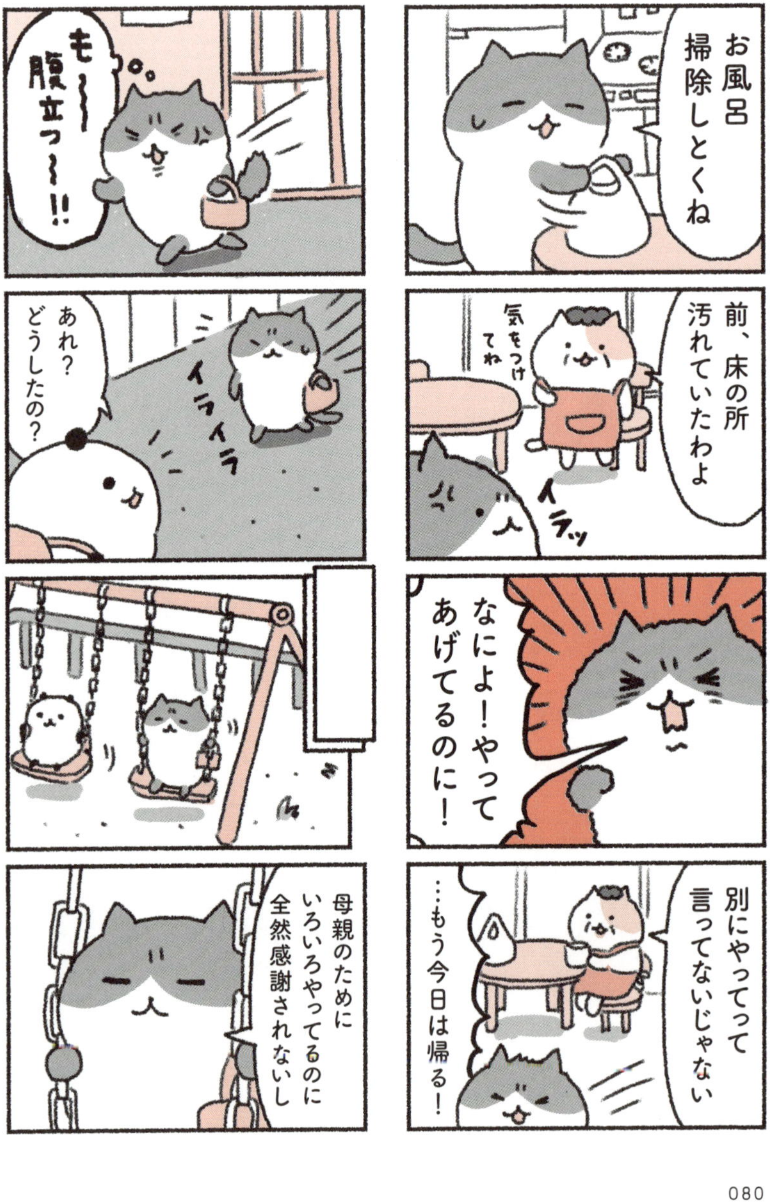
お風呂掃除しとくね
前、床の所汚れていたわよ
気をつけてね
イラッ
なによ！やってあげてるのに！
別にやってって言ってないじゃない
…もう今日は帰る！
も〜〜腹立つ〜〜!!
あれ？どうしたの？
イライラ
母親のためにいろいろやってるのに全然感謝されないし

むしろ文句ばっかりでもうイヤになった
う～ん…
相手に期待してるのかもしれないね
後日
美味しそう
あら、いつもと違う惣菜良いじゃない
相手のためじゃなく自分がやりたいと思うことだけやろう
掃除しなくたって会いに来てくれるだけで良いのよ
そうか…
見返りを求めすぎていたかも
喜ぶと思ってやっていたことも母にはそんなに重要じゃなかったのかも…
私が食べたいと思う惣菜を買おう
洋食
私が気になる所だけ掃除しよう

17

ついつい馬鹿にしたり嫌味を言って いつも後悔してしまう

ついつい相手を馬鹿にしてしまう人は、自分に集中することが足りていません。「自分ができることをやろう」「自分がやるべきことに集中しよう」と思ったら、やることはいくらでもあるのです。そして、自分のことだけで精一杯で、相手にちょっかいをかけている時間などないのです。

たとえば学校で、相手をからかったり、ちょっかいばかり出している生徒を想像してみてください。その生徒は、おそらく自分の課題に集中していません。あれと似たような状況なのです。

自分が今やるべきことを見つめて、そこにもっと集中するよう心がけましょう。すると相手のことなんてどうでも良くなってくるはずです。

最近ヨガに通い
はじめたんだ〜
またー、どうせ
すぐ飽きるでしょ
うん…
いつも
そうだよね〜
カタ
カタ
すみません…
またミス？
鳥谷はそういうの
多いね〜
鳥谷
そうですよね、
僕ダメなやつ
なんで…

ズーン
やばい
言いすぎた…？
ちょっとからかった
だけなんだけど
マズかったかな…
おーい、ねこ田
ちょっと
先輩
今のは、鳥谷には
パンチが強かった
みたいだぞ
はい…
ついちょっかい
出すのは自分に
集中できて
いない証拠だ
自分ができる
ことに集中
するんだ
はい…
自分ができることに
集中か…

最近相手より自分のことを考えるようになって
相手のことがあんまり気にならなくなってきたかも
自分
自分の幸せのために何ができるか考えてみよう
未来の自分
よし!
人にケチをつけていないで自分を磨こう
自分
検定の勉強しようかな!
良いね、私も何かやってみようかな
プレゼンうまくいきました!
良かったね私も頑張る!

18

他人のちょっとした言動にすぐ怒りを覚え爆発しそうになる

まず、怒りが込み上げてきたら〝待つ〟ことが大事です。

怒りという感情は、数秒も経つとだいぶ減衰します。ですから怒った瞬間にはアクションをとらないことが大切です。その間、何を言えば良いのかというと、沈黙でかまいません。

沈黙は、相手に強いメッセージを伝えることができます。アナタが急に黙り込むと「何かやったかな?」と相手は心配になるはずです。怒りを収めるにしても、怒っていること自体は伝えたほうが良いのです。そうでないと、アナタがモヤモヤしたままになり、また怒りの原因になるからです。

沈黙で良いので、ちゃんと話せそうになるまで待つようにしてください。慣れてきたら、待つ時間がだんだん短くなると思います。

カタ
カタ
よろしくー
2人のどちらか、取引先にサンプルの修正依頼を送っておいて
オレ、今手一杯なんで針田さんお願いします〜
他にも頼まれ事が〜
いつもそう…
はい…
面倒な仕事は私ばっかり
イラッ
また飲みに行きましょうよ〜
いいぞ
手空いてるじゃん!
コミュ力高いから上司に気に入られているのもムカつく!
後日
2人でまとめ資料作成してくれる?
はい
はーい
全体は私がやるからデータを出してもらって良い?
了解〜

1時間後
終わった〜 楽勝でした〜 昼休憩いきますね〜
えっ もう終わったの!?
早くない!?
なにこれ データの抜き方が雑すぎる!
てきと〜〜
また杉山君の手抜きで私が大変な思いをする…
杉山君〜
お気楽〜♪
ムッ
あのさ!
ピリッ
えっ、何?
…いや、ごめん。なんでもない…
昼休み
はぁ…

大丈夫？
怒りが込み上げたら数秒間ぐっと待ってみると良いよ
相手に向き合って何も言わず、沈黙しているだけでも
キミの意思は伝わるはずだよ
ぽんっ
ぐしっ
はぁ…
ごめんごめん
さっきのデータ抜けてたわ〜

どう？
そんなに変わってないけど…？
くるっ
ぐっ…
パシッ
もしかしたらコイツ怒ってるのかな…？
自分でももうちょっと確認してみるわ
あ、あのさ　まだダメなところあったら言ってほしいんだ
うん！
気持ちを爆発させなくても我慢せずに怒りって伝えられるんだ…

第3章

自分を大切にするための自分自身の習慣

どうしたら自分を好きになれるのか

本来好きになる対象って〝他人〟ですよね。そういう意味では、自分を好きになることはできません。ですから、「自分のことがイヤじゃない」という感覚が「自分を好きになる」ことなのだと思います。さらに言えば、「自分を否定せず、受け入れる」ことです。

自分のことを否定すると、何をやっても「自分ってダメだな」と思うことになります。また、過去にやったこともクヨクヨと後悔してしまいます。自分を否定する癖があるのなら、それをやめれば、それは「自分を好きになる」のと同じこと。代わりに、「今度はこうしてみよう」と自分の目標ややりたい気持ちをベースにすることを習慣付ければ良いのです。

美容院
自分を好きに
なるとうまくいく!
ハッピーライフ
うまくいくコツ
…
皆、自分のことが好きなんだろうか
ミスばかり
忘れっぽい
要領悪い
自分が嫌いな私はダメだな…
はぁ…
自分を好きになれないから、いろいろうまくいかないんだ…
ズーン…
なにかあった?
どうしたの?今日、元気ない感じ?
私で良かったら聞くよ!
うーん…
兎川《うかわ》さんは、自分のことを好きだと思いますか?

そうね、仕事でよく失敗して反省ばかりだけど
これが自分だなって思うよ
そんな自分を嫌いじゃないかな
そうなんだ…やっぱり自分を好きになれない私は変なのかな
どうやったら自分を好きになれるんだろう…
好きまでいかなくても自分を受け入れられたら良いんじゃないかな
昔は失敗ばかりな自分が嫌いだったけど自分を否定するのをやめたら
すみません…
次はこうしよう
頑張るぞ！
だんだん嫌いじゃなくなったんだよ
なるほど自分の否定をやめたら良いんだ

もちろん、失敗を減らせるようにいっぱい対策をしているよ
へ〜
翌日
しろちゃん！ここ間違ってるよ！
すみません！
ううっ…
やっぱり自分はダメだ
ハッ
自分を否定しないでね
失敗した自分を受け入れよう
よしよし
失敗した！
自分で自分を抱きしめるイメージ
今度はこうしたら良くなるかな
うん
次はこうして…
どんな自分も受け入れてみよう
自分、頑張ってる！

できる人に呆れられている気がしてつらい

個人的な経験から言うと、優秀な人って他人の優秀さについてあまり何も考えていないものです。自分よりも、さらに優秀な人に会うと「この人すごいな」と思いますが、人を蔑んだりすることはありません。

というのも、本当に優秀な人は謙虚だからです。他人を蔑むような人は、すぐにマウンティングをしてちっぽけな自分のエゴを満足させようとします。そのため成長しないのです。もし本当に蔑まれていたら、その人は優秀な人間でも、アナタが関わる価値がある人間でもありません。

ですから「呆《あき》れられている」というのは、おそらく勘違いなのです。あまりそういったことは意識せず、雑談でもしてみてはいかがでしょうか？ 意外と気さくで、素朴な一面を見られるかもしれませんよ。

ねこ田、狼塚《おおかみづか》と組んで新しく試算表を作ってくれるか
はい
できない自分がバレて見捨てられないか心配…
プイッ
おいていかないで～
先輩と一緒か…！
一人の方が気ラクなんだけど…
後日
ねこ田～ここ修正してくれる？
びっしり
キリッ
狼塚先輩、入社してすぐにリーダーを任されたりすごいんだよなぁ
す、すみません！
まぁ最初はわかりにくいよね
どんまい…大丈夫？
いつもできるふりをして頑張ってるけど
会社の自分
いつもの自分
自分のダメさがバレる…
次、頑張ろう

後日
最近、仕事どう？
う〜ん
仕事ができる先輩と組むことになったけど
早速ミスしちゃって…先輩に見捨てられたくないっていうか
呆れられているかも…
こんなのもできないの？
（※イメージ）
どうして呆れられているって思うの？
ミスしたときに心配されると
大丈夫？
こいつダメだなと思われてるかなって
そうなの？
本当に優秀な人は実は人を蔑んだりしないよ
1人で抱えず先輩ともっとコミュニケーションをとってみたら？

思い込みで考えすぎてたのかなぁ
できる人だと思って近寄りがたかったけど先輩と話してみよう
翌日
先輩って失敗とかしなさそうですね
新人の時の失敗談？
めちゃくちゃあるよー
ハハハ
あんなことやこんなこと
そうなんですか!? 意外です
他にはー…
呆れられている気がしたのは勘違いだったかな
先輩に近付けるようにもっと頑張ろう！

21

自分がどうしたいという気持ちや意見がわからない

自分の気持ちがわからない人は、誰かに自分の意見を否定されてきた経験があることが多いのです。そういう環境にいると「考えを伝えても、どうせ否定されるから何も考えないようにしよう」となります。次第にそれが当たり前になり、聞かれても、わからない、出てこないとなるのです。

しかし、気付いていないだけで、本来は自分の考えがない人はいません。まず日常的なことで、自分の気持ちを確認する練習をしましょう。たとえば、「今何が食べたい？」「どこに行きたい？」「何をしたい？」などです。徐々に、「パスタが食べたいかも」などと思うようになります。またニュースなどを見て「このケースはこうしたら良いのでは」など、考える練習をしましょう。だんだん自分の気持ちに気付くようになります。

しろちゃん入社4カ月頃
今日から企画部に配属だ…！
頑張るぞ！
バディを組むことになった6年目の熊山です、よろしく〜
よろしくお願いします！
この企画はこういう発案で…
ふむふむ
この企画について意見や感じたことがあったら教えて
意見…
何も出てこない…
なんで？
すみませんわかりません
出たら聞かせて
何でこんなに何も出てこないんだろう

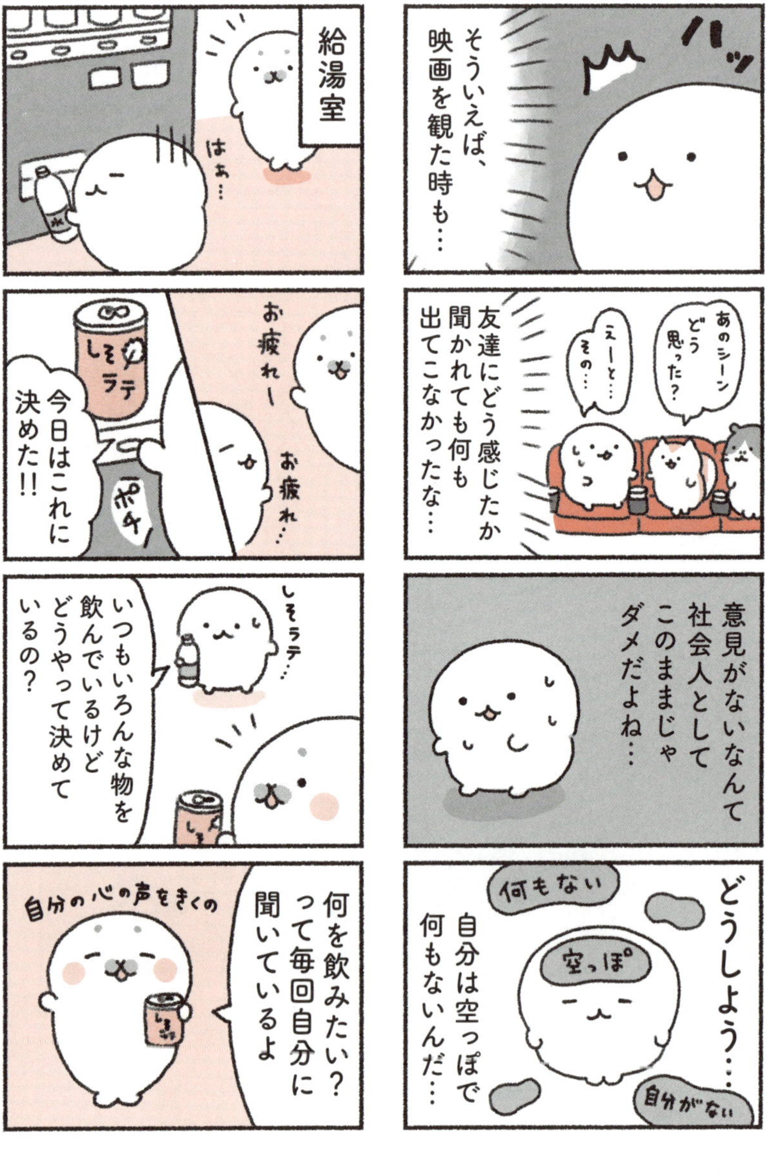
給湯室
はぁ…
お疲れー
お疲れ…
今日はこれに決めた!!
ポチ
しそラテ
いつもいろんな物を飲んでいるけどどうやって決めているの?
しそラテ…
何を飲みたい?って毎回自分に聞いているよ
自分の心の声をきくの
ハッ
そういえば、映画を観た時も…
あのシーン どう思った?
えーと… その…
友達にどう感じたか聞かれても何も出てこなかったな…
意見がないなんて社会人としてこのままじゃダメだよね…
どうしよう…
自分は空っぽで何もないんだ…
何もない
空っぽ
自分がない

そうなんだ！私は親に水が良いって言われて、なんとなく水にしてたよ
どれが良いとかどう感じるとか聞かれてもいつも何も出なくて…
自分は空っぽなんだと思うことがあるんだ…
自分の気持ちに気付かないだけで、自分の好みや考えがない人なんていないよ
何か選ぶとき、自分の気持ちを確認するようにしてみたら？
そっか…
うーん…
今私は何が飲みたいかな…
チョコバナナラテも買ってみよう
ポチ
少しずつ、自分の気持ちを聞いてみようっと！
ドキドキ

いつも焦る気持ちで落ち着かず あまりリラックスできない

まず、やるべきことをしっかりスケジュールすることです。1日に何をどれぐらいやるかを明確に決める。そして、1日がはじまったら少しずつこなして、全部終わったら、あとはリラックス。ゴロゴロタイムです。

やらなきゃいけないことを漠然と抱えていると、このままで良いのか、いつまでたっても確信が持てません。結果、空いた時間にも「何かをやらなくては」と常に焦ってしまうんです。将来にプラスになることをしたいのなら、1日に何をどれぐらいやるのかを決める習慣を付けましょう。

そして、今日やるべきことを終えたら、決して前倒ししない。絶対に何もしない。何もしなくて良い時間を作るためのスケジュールだからです。堂々と何もしなくて良い時間が明確だと、人生が楽しくなりますよ。

休日
むくり
やっと休みだー
キリッ
でも今日は仕事のために勉強しよう
プレゼン資料
もく
もく
1時間後
はぁ…疲れた
ちょっと買い物に行こうかな
いいの買えた～!
カフェで休憩して行こ～
ん!?

同期のねこ子ちゃん!
職場でリーダーに選ばれました! 頑張るぞ〜
こんなにゆっくりしていて大丈夫なのかな…!?
自分だけ置いて行かれるんじゃないか…
ポツーーン
出世ロード
お先〜
しろちゃん! ここ空いてる?
やぁ
ソワソワ
えっ でももう帰らなきゃ勉強しなきゃ…
どうしたの?
同期がリーダーに選ばれていて
自分だけ取り残されそう… こんなことしていて良いのかな?
スケジュール
スケジュールを立ててそれが終わったらゴロゴロタイムにしよう
グッ

えっでも…
もっと頑張らなきゃ
何もしなくても
良い時間を
ちゃんと作ろう
やらなきゃ
いけないと漠然と
思っていると
常に焦ってしまうよ
早く終わっても
前倒ししちゃ
ダメだよ
リフレッシュしよう
うーん
気になるけど…
やってみる
できるかなぁ
スケジュールを立てる
1日
3ページ
やったら
大丈夫!
今日の分
できた!
オンオフをしっかり
切り替える
あとは自由時間!!
これ終わったら
マンガ読も～♪
集中して楽しみ
ながら勉強できる
ようになってきた!
自分のペースで
頑張っていこう!
エイエイ
オー!

自分はダメだと否定する言葉ばかりが出てきてしまう

先にも紹介しましたが、ダメだと思ってしまうときは、いわゆる〝頭がお暇〟な状態で、目の前の状況から思考が離れてしまっています。そのため、目の前の作業に集中することが根本的な対策です。たとえば、仕事なら仕事、家事なら家事。そこに集中する習慣を付ければ、否定する考えから一旦離れられます。

ただ、また同じことを考えはじめてしまうでしょうから、とことんネガティブモードに浸るのも1つの方法です。人間は同じことを続けているとだんだん飽きてきますから、持ち直してきたら、「次はこうしよう」と考え、その方法をメモしていったらいかがでしょうか？　ダメだと思う気持ちは、「次はどうするか」のヒントになるはずです。

リーダー就任おめでとう〜!
ありがとうございます!
パチパチ
私ならできると思ってた!
よし!
頑張るぞー!
1カ月後
はぁ…全然うまくいかない…
スケジュール
自分の仕事をしながらチームメンバーのスケジュールを把握…
えっ
これ今日しめ切りです
仕事のふりわけ多いよー
難しすぎる!
帰宅
ドサッ
なんて自分は使えないんだ
仕事ができない自分なんているる意味がない…
あんなに期待されていたのに情けない

先輩に
自分のことに
集中しろって
言われたけど
ネガティブな
感情しか
出てこないよ…
ポツン
先輩？
プルルルルー
お疲れ様です
最近どう？
リーダーになって
テンパってる
ように見えたから
……
実はうまく
できなくてずっと
落ち込んでいます
とことん落ち込む
のも良いぞ
ずっとは
続かないから

そうか…確かに今日ずっと落ち込んでたなぁ
はい…お疲れ様です…
ピッ
ぐ
なんだか食べたら少し元気が出てきた
翌日
昨日はありがとうございました
あぁ良いよ
リーダーにもコツがあるから
皆のまとめ方とか仕事に使えるツールとか教えるよ
ふむふむ
ありがとうございます!
目の前のことに集中して切り替えよう次から頑張るぞ!

やりたいことはあるのに なかなか取り掛かれない

やる気は、何かをはじめることで出てきます。何もしていない状況で、急に〝やる気〟が湧いてきて、動きたくなることは、あまりないのです。ですから、とりあえず動くことが大切です。

その観点から考えると、「週末にやろう」と考えるのは、一番やる気が出ないパターンです。常にアイドリング状態にするのが一番良い。ストレッチでも勉強でも、毎日、ちょっとだけやることを習慣付けてください。

5分でも10分でもルーティンとしてやるようにすると、やる気って出てくるのです。すると週末になれば、「いつもちょっとしかできないからたっぷりやりたい」とモチベーションが湧いてきます。

0から1にするより、10から50にするほうが体はラクに感じます。

ガタン
ゴトン
ジムに入会したけど先週も行けなかったな
今週末こそ行かなきゃ…
お金もったいない…
月
火
水
木
金
休日
はーやっと休みだ！
溜まっていた家事をやって…
買い物に行って
はぁ疲れた…
もう夜!?

もうジムに行く元気がない…
用意するのも行くのも面倒…
休み明け
自分はなんてダメなんだ…
ハァ〜〜〜ッ
朝からため息ついてどうしたの？
おはよう…
おはよう
結局土日もジムに行けなかった…
だらだら
もう今日はいいや
まとめてやろうとしなくても、運動なら、電車の中でもできるよ
つま先あげさげ
何でもそうだけどまとめてやろうと思っても急にやる気は出ないよ

スキマ時間で少しずつやったら週末にもっとやる気が出るんじゃないかな
ストレッチとか簡単なもの
なるほど
仕事の合間にストレッチ
エスカレーターより階段
少しやるともっとやりたくなるなぁ
よし!
ジムに行ってもっと本格的にやろう!
頑張るぞ〜!!

他人の言葉や行動によって自分の考えもすぐ変わってしまう

他人の考えに影響されるのは、ごく自然なことです。その時、本当に「この考え方は素晴らしい」と思っているのなら、何も問題はありません。もし、「言っていることが違う」と指摘されたとしても、それがいけないこととは言っていないのではないでしょうか？　言い方を変えれば、アナタは〝とても素直な人〟と表現することもできるわけです。

ただ、いつも考えが変わると、何かを達成する機会が減ってもったいない場面もあるかもしれませんね。ならば、自分の尊敬できる人の側にいる、あるいは尊敬する人の発信をこまめにチェックするなど、とことん染まってみるのも手です。そこで違うと思ったら次に行けば良いと思います。元は借りものでも、自分で解釈できたら自分のものなんですよ。

休日
あなたもできる!
この人の考え方素敵だなー!
あ、そろそろ準備しないと
今日は大学時代の友達と久しぶりの女子会!
わくわく
Cafe
久しぶり!
久しぶり!
この前さ～
なつかし～!
そういえば最近仕事どう?

やっぱりこれからは好きな仕事をしていかないと！
キリッ
前に会った時は仕事は安定と稼げるのが大事って言ってなかった？
会うたびにいろんなことを言ってるよね
変わりすぎ〜笑
そ、そうだっけ？
2時間後
そろそろ帰ろっか！
また集まろうね！
あれ？パンちゃんだ
みんな〜
友達がいたからちょっとここに残ろうかな
そっか、じゃあお先に〜
またね〜

お疲れ様～ ちょっと良いかな？
いいよ～
さっき友達と話していて考えが変わりすぎだって言われたんだけど
これって自分の考えがないってことかな
コロ
コロ
かわる
それは素直だってことだと思うよ
良いなと思う人の考えにとことん染まってみたら良いよ
そうかな…
自宅
こういう考え方もあるんだ、なるほど…！
自由に生きる
もっといろんな考え方を吸収して視野を広げていきたいな
自分らしさ
生き方

予定がない日があると落ち着かず無理にでも予定を入れたくなる

予定を埋めたくなるのは、悪いことではありません。ただそればかりで落ち着かないのなら、少しずつ変えてみるほうが良いでしょう。

たとえば、午前午後にびっしり予定を入れていたのなら、1日に1つだけにする。それに慣れてきたら、週末で1つだけにする。こんな感じで少しずつ緩くしていくんですね。ちなみに、私もそういう傾向があり、〝寝る時間に帰宅する〟ぐらいにわちゃわちゃとやっていました。ただ、歳を重ねるにつれ、あちこちへ出かけるのが面倒になり、今は自然と落ち着いています（ちょこちょことその場のノリで動いてはいるのですが）。

肝心なことは、やると決めたことを減らすよう習慣付けることなんです。それだけで、気軽に空いた時間を過ごせるようになりますよ。

今日はあれしてこれして…
びっしり
todoリスト
勉強P.12〜14
取引先にメール
交通費申請
会議室の予約
あれ、週末の予定が空いてる!
何かしないと無駄になる!
スケジュール帳
えーっと
週末おでかけスポット
ファミリー
カチ
カチ
よし!週末はここに行こう
遊園地
家族で楽しめる!
アクセス
子供たちも喜びそう〜!
うわ…めちゃくちゃ混んでる…
ぎゅう
ぎゅう
120 min
アトラクション120分待ち!?
えー!?
ママ!お腹空いたー
ぼくも!
はいはい

え！レストランも行列…
ズラ
帰宅
疲れたー
結局全然楽しめなかった…
ドサッ
ママーご飯はー？
はやくー！
もー！今からやるってば
イラッ
疲れてるけど家事やらなきゃ…
週末
やっと寝られる…
いつもやることを決めすぎなんだよ
来週は1個だけ予定を決めたら？
でも時間が空いたらもったいなく感じるの
1個だけ決めておいて時間が空いたときに考えれば良いじゃん

そっか…
詰め込みすぎて
イライラするのも
良くないよね
来週末は子供と
公園に行くだけ
にしよう
週末
ぼーっ
わ〜
たのし〜!
ママー
見てみて〜
あげるー
ここにこんな花
咲いてたんだ〜
たまにはこんな
週末も良いな
リフレッシュできたし
やることを減らすよう意識していこう

何をするにもハードルが高く感じ自信が持てない

一番良いのは、ハードルを下げる習慣を付けることです。まず、やることを細かく分解します。小さなステップに分け、最初の一歩だけ踏み出してみてください。一歩進めて、「もっとやってみたい」と思ったら、次にまたちょっとだけ踏み出す。ある程度勢いが付くと、次々にやりたくなります。こうなればしめたものです。筋トレなら、短いYouTube動画を探して数分だけやってみる。料理なら、簡単なものを1品だけ作ってみる。私も本1冊分を一気に書くとしたらしんどいのですが、3カ月で書くようにしています。すると1日あたり原稿用紙2枚でも充分なのです。

そもそも、失敗したって誰も気にしません。「得意な遊びが増えたら良いな」くらいの気持ちでやってみてはいかがでしょうか？

しろちゃんて資料作りうまいよね
前にうさ美ちゃんに褒めてもらったけど
自分にとって資料作りは別に簡単だしすごくないよなぁ…
はぁ…
やっぱり自分は何もできない…
昼休み
お疲れ様～
お腹空いたねー
うさ美ちゃんの弁当手作りなの？
料理上手だね～！
あっ…どうも
しろちゃんはコンビニ弁当？自炊しなきゃダメだよ～
はい…

じゃあお疲れ～
・・・
私、料理
苦手なんだよなぁ
料理楽しぃよ
健康に良いし
節約にもなるし
ハードルが高くて
すごく簡単なもの
から作ってみたら？
失敗しても、誰も
気にしないしね
帰り道
スーパー
いつも弁当を買うか
外食だけど…
一品だけ自分で
作ってみようかな
簡単そうなやつ！
包丁も火も使わない！
のせるだけ～

パックから出して盛っただけだけど…
できた!
おとうふキムチ
もぐっ
ん!?
自分で作ったと思うと、より美味しく感じるかも!
明日も作ってみよ~
これだけでいいなら
すごく簡単!
1カ月後
おにぎりを作ってきたの?
すごーい
えへへ♪
ふりかけを混ぜただけだけど、作るのが楽しくなってきたよ
少しずつ積み重ねて自信が出てきた!
次は何を作ろうかな~

人のために尽くすのは好きだが人に何かをしてもらうのは苦手

友人にこんな人がいます。いろんな人にプレゼントしたり、お祝いしたりするのが好きな人で、私もたくさん祝ってもらいました。もちろん私からもお返ししようとしたのですが、「お祝いされるのがあまり好きじゃない」と言われたのですね。そうは言われても、いつも何かと動いてくれるので、誕生日のお祝いだけは定例イベントとして食事に行くようにしています。定例イベントにしてしまえば、楽しんでくれているようです。

このことから、苦手であることを伝えてしまうとうまくいくように思います。甘え下手なのもアナタの性質。無理に変えようとしないほうが良いと思うんですよね。そのうち、よくわかった相手なら、余計なことを感じずに甘んじて好意を受けられるかもしれません。それで良いと思います。

おはよー
おはよう…
ポチ
はぁ…
朝からため息ついてどうしたの?
今週、私の誕生日なんだけど
おめでとう
部署内でやるお祝い会が苦手なんだよね
祝うのは好きなんだけど祝われると申し訳ないとか
仕事でミスしてばかりなのに祝われて良いのかとか考えちゃう
なるほど
そっか、落ち着かないんだね
甘えるのが苦手なのもあるのかな

変だよね…
申し訳ないと思う必要はないけど、そのままで良いと思うよ
思い切って同僚のうさ美ちゃんに
うさ美ちゃん
「お祝いされると落ち着かない」って言ってみたら？
そうだね…言ってみる
ちょっと良いかな
良いよ～
…こういう理由があって…
そうなんだ…
お祝い会はなしにする…？

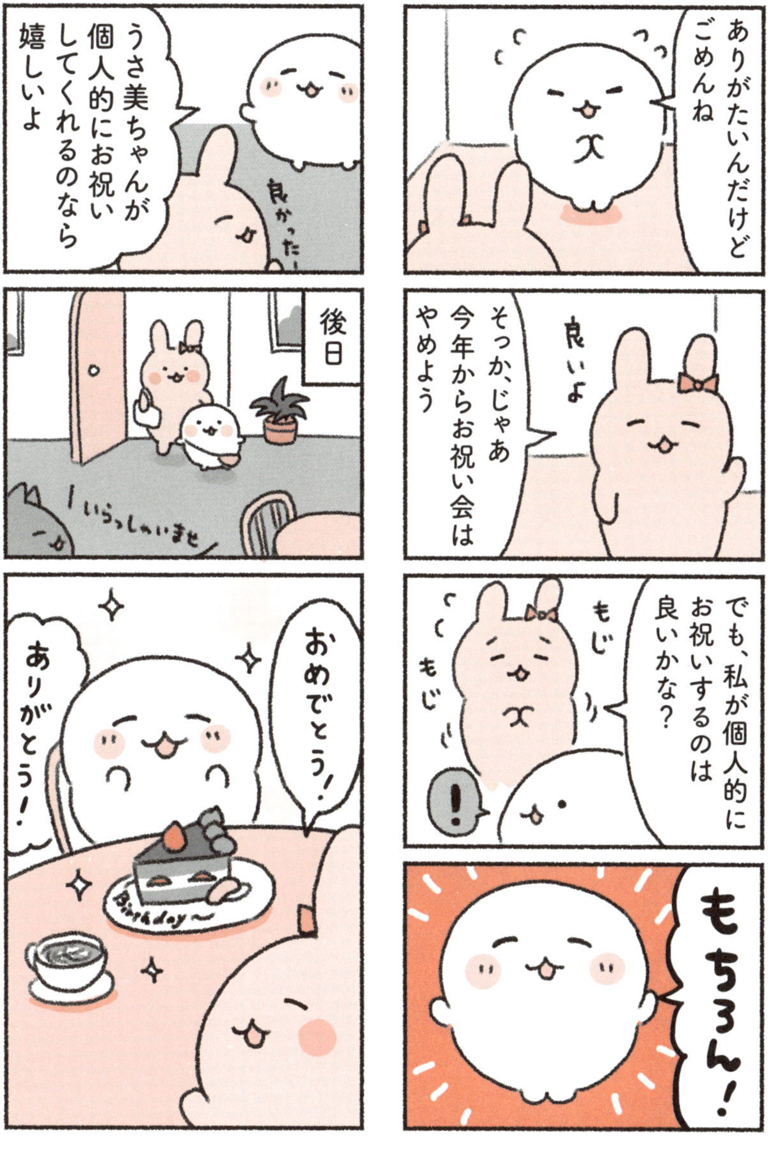
ありがたいんだけど
ごめんね
良いよ
そっか、じゃあ
今年からお祝い会は
やめよう
でも、私が個人的に
お祝いするのは
良いかな？
もじ
もじ
!
もちろん！
うさ美ちゃんが
個人的にお祝い
してくれるのなら
嬉しいよ
良かった…
後日
いらっしゃいませ
おめでとう！
ありがとう！
Birthday～

好き嫌いが激しくちょっとしたことにも嫌悪感を持ってしまう

自分の感じたことなので、それはそれで受け入れたほうが良いと思うのです。本当の問題は「こう感じるべきではない」と思いすぎていることではないでしょうか？「自分は嘘が嫌いなんだな」「職場が汚いことが気になる傾向があるな」と自分の特性として分析していったほうが良いと思います。そのためには、書き出すことも有効かもしれません。

それでも、他人に対してネガティブに感じることが気になるなら、他人にネガティブな感情を持った瞬間に「この人の良いところは何だろう」と考える癖を付けるのも良いでしょう。「この人はたまに嘘をつくけど、明るくてムードメーカーだよな」といった感じにです。するとイライラ感も減って、包容力が上がるかもしれませんね。

わくわく保育園
保護者懇談会
こちら→
グループ分けして楽しくお話ししましょう！
はーい
こんにちは～
こんにちは～
わ！
ブル子ちゃんのママがいる…
マウントを取ってくるから苦手…
うちのブル子、この前の発表会でセンターに選ばれて～
自慢だよね？
やっぱりこの人嫌い
でもすぐ人を嫌いになったりイライラするなんて
はぁ…
私ダメだな…

翌日
ってことがあってー
他人より優位に立とうとする人が嫌いなんだね
他にもどこが気になるか書き出してみたら？
マウント取ってく
ブランド物を見せびらかしてくる
自慢が多い
書いてみるとなんだかスッキリ
嫌ってしまうのを減らしたいのなら相手の良いところを探してみよう
良いところかぁ…
後日
おはようございます

年末年始にハワイへ行ったんですよ！これ、お土産です
どうぞ
Cookies
イラッ
また自慢？
でも…そういえば
良いところ探してみて
さっきも…
いつも自分から挨拶してくれるかも
息子にも優しくしてくれるし
あら〜今日も元気ね〜
意外と良いところあるかも
Cookie
ちょっとイラッとしてもおお目にみるか〜
これ美味し〜！
Cookies

ストレスを感じるとスマホを触らずにはいられない

体調が悪いときに気晴らしを求めるのは、ごく自然な行為です。ただこの気晴らしには、良いものとそうではないものがあります。良いものは、創作的なことや純粋な休養などです。何かを作ったり、本を読んだり、映画を観たり、仮眠を取ったり、お風呂に入ったり、こういったことです。一方で、良くないのは依存的なこと。ギャンブルやお酒、依存的な買い物、過度なゲームやスマホの使用です。

これを防ぐには、一切使わないことが望ましいのですが、スマホを使わないことは非現実的でしょう。ですので目的のないスマホの使用をなしにしてみます。空いた時間に良い気晴らしを優先的に入れる習慣を付けましょう。その間は、スマホに触れないので使用時間は減ると思います。

疲れた～
はぁ～
ちょっと休憩～
だら　だら
なにこれ～
おもしろーい
ヤバイ　もうこんな時間
さっさとお風呂に入って寝なきゃダメなのに
めんどくさ～い
観るのをやめられない
はぁ…
メッセージ一件
ピロリン

キョロ キョロ
あ、本!
積読!
買ったけど
忙しくて読めて
なかったんだよな〜
わく わく
久々に読もうかな
そうと決まったら
さっさと
お風呂に入って

お疲れ〜
明日買ってきてほしい
お土産ってこれだっけ?
22:03
限定フレーバー
そうそう!
それをお願い
22:03
既読付くの早いね
22:04
帰ってからずっと
スマホ触ってる
22:04
イライラしたり疲れたり
するとスマホを
観ちゃうんだよね
22:05
だら
だら
スマホ以外の気晴らしを
してみたら?
本を読んだり、映画を
観たり…
22:07
他の気晴らしかぁ〜
22:08

お気に入りのハーブティーを入れて
つい触っちゃうからスマホはしまっておいて
準備万端！
ふむ
ふむ
やっぱり本って面白いな～!!
結婚しました！
SNSを観ているとつい他人と比べちゃうけど
本なら知識が身に付くし有意義に過ごせる！
スマホを使わない時間、良いじゃん！

死にたいとは思わないけれど生きたいとも思えない

これは、自分が他人からどう見えるのかを気にしている状態かもしれません。典型的な他人軸です。価値基準が〝他人からどう見えるか〟になっているので、いつまでたっても良くならないんです。他人の顔色をうかがい続けることになるし、どんなにうまくいっても充分には思えないのです。これを解決させるためには、自分軸を育てるしかありません。「自分が何をしたいのか」をまず考えて、それを行う習慣を付けてみてください。また、自分が納得する行動をとるようにしてください。得意とか取り柄とか、評価とかではなく「自分が何をしたいか」です。

自分のやりたいことをやる。それがわからなければ探しに行く。自分自身の人生を冒険するような気持ちで生きれば良いんです。

はぁ…
私なんて…
ろくに仕事もできないし…
すみません…
ちゃんとしなきゃ
本当に必要としてくれる友達もいない…
恋人もいない
ポツーン…
家族も私のことわかってくれないし
また失敗してる
小さい頃からだめね～
別に得意なこともないし
見た目も特に良くもないし
これから先どうなるんだろう…
しくしく…
モヤモヤ
ん？
ピロリン♪

なんか最近、元気ない？
どうしたの？
気にかけてくれてたんだ…
こんな重い話…
でも、とても言えないよ…
大丈夫だよ
ありがとう
ポチポチ
おはようございます
毎日生きるので精一杯…
おはよー
お昼
はぁ…
一緒に食べても良い？
うん
この前の休日〜…
へー…

そういえば…
本当は言えないことがあるんじゃない？君のことだから
そうかぁそれはしんどいね
う～ん…
ハッ
じゃあ気分転換に
自分のしたいことをするのはどうかな
自分には何もないなって思って…
自分のしたいこと…
別にない…
先のことも何も考えられないんだよ
不安
悩み
特別なことでなくて良いから、心地好く感じることをやってみよう
うん…

軸…？
前は他人軸になってたんじゃないかな
他人からの評価で頭がいっぱいになっていたんだよ
友達たくさんいなきゃダメ
グサッ
グサッ
自分らしく生きなきゃダメ
他人にどう思われたって良いんじゃない？
こうしたほうが良い
やめといたほうが良い
そうか、自分がどうしたいかそれが大事なんだ
自分軸
この花かわいい…
買ってみたよ
ほっ
たまにはカフェでぼーっと
自分の思っていることをノートに書いてみる
1カ月後
最近少し元気になってきたかも
自分軸が少し育ってきたのかもね
？
自分軸

第4章

自分を大切にするためのパートナーシップの習慣

32

相手の理想を演じてしまい本当の自分を出せない

恋愛でも本当に大切なのは〝自分軸〟です。自分がどう思い、どうしたいかは伝えなければいけない。そうしないと、相手に合わせてばかりになり、気持ちも言えなくなる。すると、2人の時間がいつしか楽しくなくなって、気付けば好きではなくなります。だから自分軸が大切なのです。

それがうまくいかないのは、「相手に嫌われたくない」という気持ちが働くからです。最初に我慢してしまうとそれが当たり前になってしまう。すると余計に言えなくなってしまいます。相手にも配慮しつつ、自分の気持ちをちゃんと言う。特に、後々大きなストレスになりそうなことは、できるだけ早めに伝えて話し合うとラクになります。2人のことを考えるなら、尚更です。小さなことからでも、伝える習慣を付けましょう。

聞いてー!
彼氏できたの!
前に言ってた人?
うん!
おめでとう!
良いなぁ〜
私の友達で彼女が欲しいって言ってる人がいるの!
紹介するよ
えっ!
数日後
ドキドキ
こちら、同僚のしろちゃん…
こんにちは はじめまして
好みの感じの人だ…!
料理のとりわけ
愛想良く!
ちょっとでも自分を良く見せたい…!
最近は料理を頑張ってるんですよー!
まだまだだけど…
へー家庭的なんだね

連絡先を交換しましょう
はい!
今度2人で会いませんか?
やった～!
甘いものが好きって言ってたな…
お菓子を作ってみよう!
クッキー好きなんだよね
なんとかできた…
良いものだけ持っていこう
ふぅ…
デート当日
良かったらこれ…
美味し～! お菓子も作れるなんてすごいね
ほっ
何度目かのデート後…
あの…
?
良かったら僕と付き合ってもらえないかな
!!

はい!
やったー!
嫌われたくない…
好かれるように頑張らなきゃ
お弁当作ったよ
こげた!
ありがと～!
はぁ～…
彼氏ができたのに嬉しそうじゃないね
う～ん…
料理とか家事とか…
好かれる自分でいようと頑張りすぎて疲れてきちゃった…
2人の関係が大切なら、しろちゃんの気持ちは伝えたほうが良いね
好きだから頑張りすぎちゃったことを伝えて

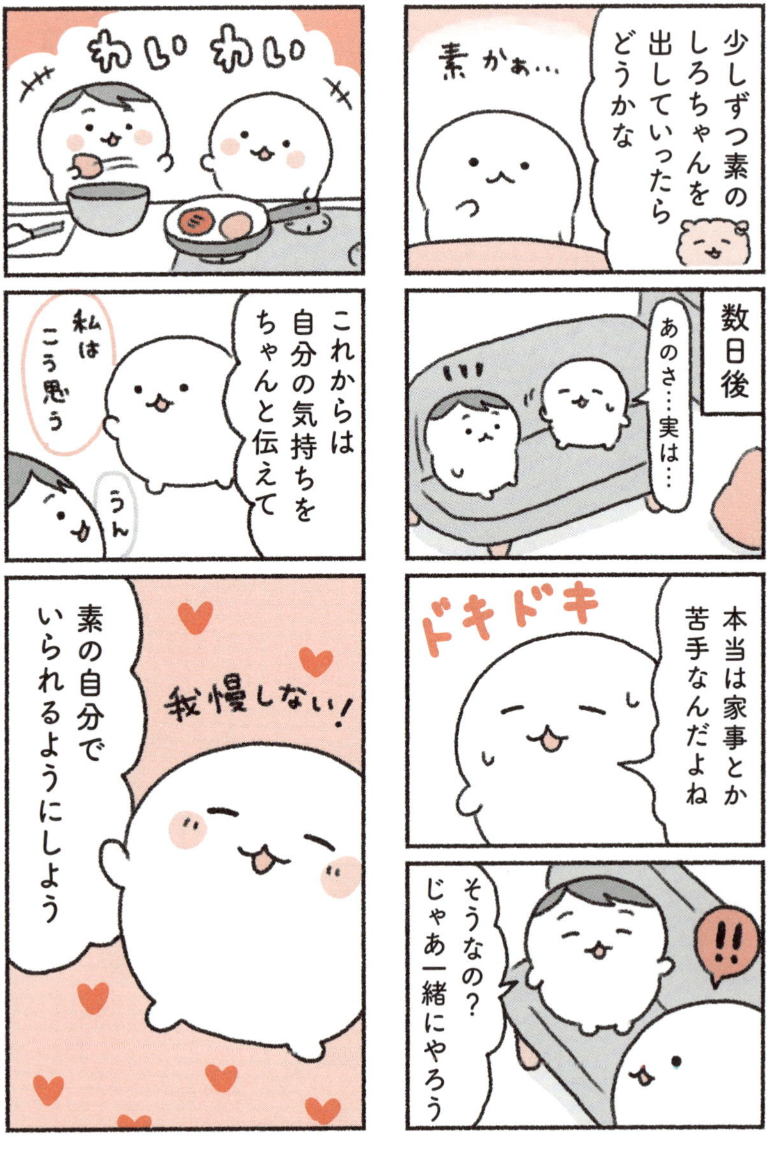
少しずつ素のしろちゃんを出していったらどうかな
素かぁ…
数日後
あのさ…実は…
本当は家事とか苦手なんだよね
ドキドキ
そうなの？じゃあ一緒にやろう
!!
わいわい
これからは自分の気持ちをちゃんと伝えて
私はこう思う
うん
素の自分でいられるようにしよう
我慢しない！

相手からの好意を感じると急に気持ち悪く感じてしまう

この理由は、２つ考えられます。１つは、恋愛への不安。好意が向けられると、恋愛がはじまる可能性がありますよね。しかし恋愛は、相手に振り回されたり、うまくいかないなど、不安とも付き合うことになります。その心の準備ができないと逃げたくなるのです。もう１つは、相手の価値が相対的に下がること。自分が追っていれば相手は〝上〟、相手が振り向けば〝自分と対等〟と認識し、価値が下がったと感じるのです。

このままだと良い恋愛は難しいので、最終的には克服したほうが良い。でも無理をする必要はありません。本当に好きな相手からの好意は、嬉しいはずだからです。気持ちが悪いと感じるのなら、本当に好きな相手ではない。いろんな人と出会う中で、そんな人に出会えば自然に解消します。

ジム 24h
今日も運動頑張るぞー
会員募集中!
あ！いつものステキな人だ…！
爽やかでかっこいい!!
私も頑張ろ〜
ルン
ルン
ピーピー
あれ？うまく動かないなぁ
うろ
うろ
どうしよう…
どうかしたんですか？
やり方がわからなくて…
どれどれ…
ピピピ
ありがとうございます！
できましたよ

ここのジム、よく来られるんですか？
ここ最近入会して…
話していて楽しいな
良かったら連絡先交換しませんか？
はい!!
今日はありがとうございました！
すごく丁寧な人だ…!!
ピロリン♪
今度お茶でも行きませんか?
ん？
う〜ん…何か違う…
モヤモヤ
優しいんだけどなんだか媚びられている感じがする

私に気があるの?
実はモテないなのかな…?
前にもあったな…好かれると急に冷めるんだよね
あこがれていたのに…
会いたくないかも…
すみません、やっぱり仕事が忙しくて…っと
こんな自分はおかしいのかな…
ジム
ねこ子ちゃん来てたんだ!
元気~?
あ。
いる…
ピロリン♪
ジムに行く曜日を変えよう…
4
パンちゃん
金曜日、久々に飲みに行かない?
良いよ!

プハー
ちょっと聞いて～
どうしたの？
気になる人がいたんだけど…
変なのかな…
誘われたら急にイヤになってきて…
その人を本当に好きだったわけじゃないんじゃない？
えっ
本当に好きな人に出会ったら変わるから大丈夫だよ
そんなものかな～
う～ん
いつか本当に好きな人が見つかると良いな
ファイトー

34

返信が遅かったり不機嫌だと不安でたまらなくなる

それ良くわかります。しかし、不安に駆られて連続でメッセージを送るのは厳禁。相手の負担になり、自分の印象も悪くなる可能性があります。1レスに1レス、これはしっかり守ってください。その上で、相手から返事が来るまでは、自分のやるべきことを淡々とやって気を紛らわせましょう。相手もアナタが好きならば、ちゃんと連絡は来ます。また、相手のペースがつかめたら不安は解消します。不安なのは今だけですからね。

もし、それでも不安になるのなら、「連絡が来なければ、あきらめれば良い」と「最悪こうする」と心に決めてください。実際には、そんなことになる可能性は低いのですが、シミュレーションして腹をくくるのです。すると、「なんとかなるさ」という気持ちが湧いてきたりするものです。

付き合いはじめて2週間頃
～昼休み中～
今週の土曜日会える？
映画観に行きたいな♪
12:45
その日の夜
あれ？いつもより返信遅いなー
既読になってるのに…
今週の土曜日会える？
映画観に行きたいな♪
12:45
既読
何かしたのかな
気に触ることしたかな
モヤ
モヤ
嫌われたかも
催促のメール送りたいけど昔それで失敗したんだよなー…
連絡多すぎ。重いんだけど
ハァ…
ごめん～
翌朝
チュン
チュン
まだ返信がきてない…
仕事中だけど気になる…
チラ
チラ
ソワ
ソワ

どうして返信をくれないの？
バババッ
送るか…
ドキ
いや、やっぱりやめとくか…
ドキ
久しぶりー元気？
ピロリン♪
ハッ
お姉さん、助けてー!!
えっどうしたの!?
お姉さんの家
なるほど、いつもより遅いと心配になるね
でも、何か事情があるのかも…
いつもは返信くるんでしょ？
むずかしいね
もしこのまま連絡が来なくても仕方ないと覚悟ができたらもっと良いけど…
しゅん…
それならそれで仕方ないのかなぁ

うん… わかった…
もう少し待ってみて
自分の生活に
集中しよう
ちゃんと自分の
生活を取り戻そう
もしこの恋がダメ
でも仕方ない
私が何かした
わけじゃない
翌朝
メールきてる!!
ガバッ
夜中にごめん
仕事でトラブルがおきて
それで連絡できなかった
2:15
ごめんね
メールを送るの
我慢して良かった…!
信じて待ってて良かった〜!
私、頑張って
乗り越えた!

付き合いはじめるとこの人で良いのか不安になる

私はパートナーを、「明らかな問題が出るまでは疑わない」ことにしています。そうでないと安心できず、楽しくないからです。「この人なら明確な問題が出るまで疑わずにいられる」が付き合う相手の最低ライン。

付き合いはじめると、人によっては〝なんとなくおかしい点〟が出てきます。いつもと行動パターンが違う、約束が守られない、言動の矛盾などです。これらがある程度重なれば、確認をし、相手の対応が納得のいくものでない場合、別れを決断します。こういう過程を習慣にしておくと、付き合っているときの不安とうまく向き合えるのではないかなと思います。

人は何かを1回2回は隠せても、ずっと隠し続けることは困難です。ですから、相手に何かあるのなら、いつかはわかると思ってください。

彼と付き合いはじめて3カ月
まだかなー
ピロリン♪
遅れる！寝坊して1時間くらい
えー…
映画、間に合わないよ…
最近メールの返信も遅いし、雑に扱われているような気が…
モヤ
私から誘ってばかり
服が適当になってきた
女友達が多いらしい
モヤ
ポツン…
付き合う前と全然違う…
もしかして他に気になる人ができた？
私のこと、本気じゃないのかな？
実は嘘ばかりなのかも…
このまま付き合っても私が振り回されるだけなんじゃ…
ズシィ
負担
私の全てを受け入れてくれる人だと思ったのに…

私のこと大事に思ってないんだ!!
絶対そう!
ダダダダ
私のこともう好きじゃないんでしょう私ももうあなたのこと興味ないし連絡してこないで
送信!!
ブロック
フン!
ポチー
夜
またやっちゃった…
なんでいつもこうなるんだろう
長続きしない…
傷つきたくないから、いつも自分から終わらせてしまう
数日後
はぁ…
久しぶりーー!ここ、良い?
良いよ～

そういえば最近彼氏ができたんだっけ
そう、うさ美ちゃんに紹介してもらったの
おめでとう
うまくいってる？
私が何かとすぐ不安になっちゃうんだけど
うーん…
恋愛上手な近所のお姉さんに相談したら、
勝手に想像しないようにして明らかな問題が起きるまで
相手を信頼しようって言われたんだ
なるほど…
次からはもっと相手を信頼して
そろそろ会社に戻ろ～
気になることがあればちゃんと話し合うように頑張ろう
次の恋頑張るぞ～

第5章

自分を大切にするための家族関係の習慣

気持ちを察してあげないと冷たいと言われる

寄り添うって、自然と行うものですよね。たとえば、アナタが「愚痴はイヤだな」と思うのなら、愚痴ばかり言う相手に、共感などできないのではないでしょうか？　そもそも、「愚痴はイヤだ」と思うこと、伝えることは、いけないことでしょうか？　もちろん、そんなことはありません。

これ以上聞きたくないのなら、当然、その場から離れたり、話題を変えたりして良いのです。アナタが無理をすると、それが当たり前になってしまいます。「自分はダメな親だ」などと親がグチグチ言ったとしても、それも聞かなくて良いのです。そこで引き留まると、「悲しい顔をして言えば愚痴を聞いてもらえる」と、親が誤った学習をしてしまいます。「愚痴を言うのなら話は聞かない」と伝えるために、むしろすべきことですよ。

ただいまー
おかえりー
ふぅ…
ワハハ
駅前に新しい病院できてたね
そういえば
そうなのよー
この前早速行ったのよ～
きいてよー
待ち時間も長いし先生も無愛想で良くなかったわ
へー
はぁ…
お母さんももう年だしラクしたいわぁ
温泉旅行にも行きたいけどそんな余裕ないし…
ぐちぐち
ぐちぐち
娘がお嫁にいけば気がラクになるんだけどねぇ
ぐちぐち
また愚痴がはじまった…
こうなると長いんだよなぁ
聞いてる!?

母の話を聞かないなんて本当に冷たい子ね
どうせ私はダメな親よ…
はぁ…
ちゃんと聞くよ…
愚痴に付き合ってたら遅くなっちゃった
ぐち
ぐち
はぁ〜…
あ、しろちゃん
ぐち
ぐち
つかれた〜
何か疲れてる?
うーん、実は…
母の愚痴を聞いてあげられない私は冷たいのかなぁ
愚痴を聞いてつらくなるなら、無理に聞かなくて良いんじゃない
愚痴がはじまったらその場を離れるか話を変えると良いよ
その場を離れる
そういえば!
話を変える

数日後
近所の羊村さんがね〜ひどいのよー
聞いてよ〜
また愚痴がはじまりそう…
そういえばこの間〜
って事があって…
あら、そう羊村さんがねー
まだまだ続きそう…
あのさ…
本当は愚痴を聞くの苦手なんだ
NO!
愚痴なら話は聞けないよ
?
そう…お母さん、愚痴ばっかりだったかしら…？
数カ月後
あれ、そういえば愚痴が減ったかも
この前ねー
言って良かった〜
なんだか最近、実家に行くのが気ラクになった

37

親への憤りや怒りの気持ちを持て余している

いわゆる反抗期かもしれません。こう言うと、「反抗期の年齢はとっくに過ぎています」という方も大勢いらっしゃるかもしれません。確かに反抗期が起きやすい時期は思春期ですが、人によっては、もっと後に心理的な〝反抗期〟が訪れることも充分に考えられます。自分の考え方や価値観が定かでないうちは、無意識に親の価値観を受け入れます。しかし、だんだん自分の価値観が明確になり、その相違に気が付いたときに〝反抗期〟が起きると私は考えています。その時期は個人差があって当然なのです。

自らの反抗期への対処方法は、普段から自分の考え方や価値観に従って行動する習慣を付けること。口を挟まれるとイラッとしますが、淡々と聞き流します。自分らしさができると、自然と良い距離感になります。

仕事で頑張ってリーダーになれた！
母に言ったら喜んでくれるかな？
すごいじゃない！
実家
聞いて！仕事でリーダーに選ばれたんだ
サッパリ
そう、良かったね
あれ…？
仕事頑張るのは良いけど結婚の予定はないの？
うっ…
仕事一筋ってタイプでもないでしょ
ガミ
ガミ
私はいつも母がどうしたら喜ぶかを考えているのに
仕送り
家事
買い物
イラッ
母は私のことを全然わかってくれてない！
翌日
おつかれ〜
これ、家族旅行のお土産〜

ありがとう
親と仲が良いんだね
最近親に何かとイライラすることが多くて…
今まではすごく仲が良かったんだけどね
へー
よいしょ
学生の頃に反抗期ってなかったの？
だとしたら、大人の反抗期なのかも
この歳で？
私は反抗期が激しかったから逆に今は仲が良いんだ
そういうときは親の言葉を適当に受け流すと良いよ
なるほど
もう大人なんだし
そうだよね…

後日
ガミ
ガミ
掃除してるの？
ちゃんと自炊してるの？
ムッ
適当に受け流したほうが良いよ
ハッ
受け流す、受け流す…
フゥー
うん
ちゃんとやってるよー
イラッとする言葉も正面から受け取らなければ良いんだ
スッ
イライラ
サッ
イライラ
大丈夫!!
うまく受け流して自分の心を守ろう

38

大人になっても親が何にでも口出ししてくる

どんなにうるさい親でも、子供が全く言うことを聞かなければ、どうしようもないんですよ。幼いうちは、ちゃんと聞くべきだと思いますが、大人になったら自分の思うように決めて良いのではないでしょうか？

とはいえ、いきなり自分を貫き通すのも難しいでしょう。ですので、少しずつ自分のやりたいようにする習慣を付けてはいかがでしょうか？　たとえば、親からの電話をすぐに取る、折り返すなどをしているとしたら、「自分の用事があれば、すぐには取らない」「いつも大した用件がないのなら、折り返さない」など、少しずつ自分のペースにしていくことです。

ちなみに、「いい加減にしてよ！」と言ってもあまり効果がないことが多いです。加減がわかるものなら、とっくにやっていませんからね。

ピロリン♪
お母さんからメールだ
子供達は元気？
早く寝かしてる？
おやつは無添加のものに
しなさいよ
忙しいからってレトルト
ばかりじゃダメなのよ
テレビで言ってたけど
頭が良い子に育つには…
うわっ長文…
面倒だけどお金出してくれたり子供のために考えてくれてるから仕方ないか…
ありがとう
気を付けるね
今度試してみる！
我慢我慢…
休日
ピンポーン
お母さん!?
近くまで来たから寄っちゃった♪
わー
ばあば
来るなら言ってよ…
あら〜洗濯物溜まりっぱなしじゃない
うっ…
ばっ
ぐちゃ
お昼ご飯、揚げ物ばっかりじゃない！健康に良くないわ！
うっ…

もっと良いもの
食べさせなきゃ〜
そう思うわよね？
おチビちゃんたち
?
イラッ
疲れた…
はぁ〜
やっと帰った…
ただいまー
おかえり
ん？どうしたの？
お母さんがさっき
まで来ていて…
口出しがすごいの
いい加減に
してほしい
そっか…
もっと自由にしても
良いんじゃない？
少しずつ自分の
ペースに
してみたら？
そうだよね…
ちょっとスッキリ…

後日
お母さんだ…
ビクッ
水泳を習わせてみたら!?近所にスイミングスクールあるんでょ?
また…
あ～今度調べてみるね～
てきと～
近くまで来たから寄ったわよー
ごめんこれから出掛けるの～
えーー
たまには良いよね…
だらだら
自分の気持ちが大事!!
親の口出しを真に受けずに自分のペースを守っていこう

家族だから仲良くしたいが兄妹と折り合いが悪い

基本は、「合わない人とは接するな」です。たとえ、兄弟であってもです。「家族なんだから仲良くしなければいけない」なんてことはありません。仲良くできる家族なら仲良くすれば良い、それだけのこと。むしろ、無理に仲良くしようとすると、相手に振り回され、余計に仲良くできなくなります。話の通じない人とは、話をしなければ良いだけのことです。

ただ感情の起伏の激しい人は、なんらかの精神的な背景がある可能性があります。双極症障害、うつ病、月経前症候群などです。あまり極端なようなら、精神科の受診を勧めてみても良いかもしれません。この場合「感情の起伏が大きくて、困っていない？」などと、相手が困っていそうなことに共感した上で、勧めると良いでしょう。

ただいまー
おかえりー
ほわちゃんも帰ってきてたんだ
妹
うん連休だしね
……
沈黙…
仕事は順調？
もちろん！同期の中でもかなり優秀だって言われてるよ
ありがとうございます！
すごいね！
お姉ちゃんはそそっかしいからよく仕事で怒られてそうだよね
ニヤニヤ
イラッ
マウントとってきたり
嫌味
言ってきたり
グサッ
昔から妹はこうなんだよなー…

でも久しぶりに会ったし、姉妹だし仲良くしなきゃ
おさえて おさえて…
え、何？図星〜？
…
イラ イラ
こっちはケンカしないように我慢してるんだよ！
キャッ キャッ
やだ〜お姉ちゃんこわーい
くそ〜
翌日
お昼だー
お腹すいたねー
連休中は何してたの
実家に帰ってたよ
はぁ〜…
なんだかどっと疲れたよ
何かあったの？
妹が毎回イラッとするような事を言ってくるんだよね
それは大変だね

たとえ家族でも合わない人と無理に仲良くしなくて良いと思うよ
え、良いのかな…？
うん 距離を取って良いんだよ
そうか…
家族だから仲良くしなきゃと考えすぎていたのかも
幸せファミリー像
数カ月後
母
連休中、妹はいつまでいるの？
明日までいるみたい
しろはいつ帰ってくるの？
仕事があるから明後日に帰るね
本当は仕事ないけど…
無理に頑張って仲良くならなくて良いんだ
適度な距離感
マウント
嫌味

親を差し置いて、自分だけ幸せになってはいけないと感じる

親の幸せって、子供の幸せだと思うんですよね。もちろんそうじゃない親もいるかもしれないけれど、アナタは〝親の恩〟を感じているわけです。そんな子を持つ親が、子供の幸せを願わないはずがないのですね。

だからむしろ堂々と、アナタが幸せになることを考えて良いと思います。その中で、「親と過ごす時間も自分の幸せだ」と思えるのなら、その範囲で親を大切にすれば良いのです。決してアナタが犠牲になってまで、親を大切にする必要はありません。

だって、自分だってそう思いませんか？　大切な人が、自分を犠牲にしてまでアナタに尽くそうとしたら、「やめてくれ」って思いませんか？　そういうことですよ。

5年前に亡くなった父
優しかったけどお酒を飲むと暴れて大変だった
苦労している母をそばで見て育った
私が助けなきゃ…
父が亡くなってから母は質素な暮らしをしているので
銀行ATM
自分が贅沢するより余裕ある生活で母に幸せになってもらいたい
今月キビシイなぁ…
そうやっていろいろ尽くしてきたけど、母はいつも幸せじゃなさそう…
はぁ…
母はどうやったら幸せになれるんだろう
母にイライラすることもあるけど、やっぱり母には幸せになってほしい…
はぁ…

あれ？どうしたの？
こういうことがあって…
うん うん
ねこ田がまず幸せになるべきだよ
自分に我慢をさせてまで親を大切にしなくて良いと思う
自分の大事な人が自分のために我慢していたらイヤじゃない？
たしかに…
私の幸せってなんだろう
また明日！
またね〜
そういえば長い間新しいコスメ買ってないな…
買ってみようかな…

買っちゃった！
本当に良かったのかな…
ふと我に返る…
でも久しぶりに幸せを感じる！
数日後
この前さー
最近、ちょっと明るくなったんじゃない？
そうかな？
うん、私もなんだか明るくなれるわ
お気に入りのコスメ見つけたんだ～
あら～良いじゃない
自分をまず幸せにしよう

親が兄妹や世間の優秀な人と比較してくる

まあ、こういう親なので「親に認めてもらおう」というのは諦《あきら》めたほうが良いと思います。アナタの問題ではなく、親の問題なのです。子供のときはとてもつらかったと思いますが、大人になればこっちのものです。

だって、世の中は広くて、親に認めてもらえるかどうかなんて、実にちっぽけな話なのです。ただこういう過去があると、どうしても人は〝他人軸〟になりがちです。他人からどう評価されるのか、みっともなくないかなど、他人を基準にしてしまいがちになります。

ですから、なおのこと意識して、「自分がどうしたいのか」「自分はどう考えるのか」に日々集中してください。少しずつ成果が出はじめたとき、親が褒めてくれなかったことへのこだわりも、和らいでくるはずです。

休日
ピロリン
ほわ
妹だ…
良いな…
ポッン…
昔っからそう…
ほわちゃんがあのトップ校に受かってお母さんは誇らしいわ
エッヘン
シュン…
それに比べてしろは昔から要領悪いから…
グサッ
私って一度もお母さんに褒められた事ないかも…
はぁ…
ぐ〜ッ
お腹すいたしお弁当でも買いに行くか…
よいしょ

弁当
はやい!
うまい!
大盛り無料
いらっしゃいませ!
あれ、お姉さん!
しろちゃん!奇遇〜!
・・・
なんか元気ない?
私の妹、皆から好かれるタイプで
かわいい〜
よしよし
お母さんも贔屓しているように感じるの
私、一度も褒められた事ないかも…
しろちゃんは親に認めてもらいたいんだね

私は親に認めてもらわなくても良いかな
えっ
親と価値観が違うから
あの子と遊ぶのやめなさい
親に認めてもらう生き方をするよりも
自分らしく生きたいかな
そうか…親からの評価を気にしすぎていたかも
子供の時はつらかったけど
今は自分で自分を認められれば良いや！
へ～楽しそう！良かったね！
送信っと！

おわりに

人生はモノの見方1つで変わる

しろちゃんとの「自分を大切にする」ための旅、いかがでしたでしょうか？　しろちゃんとその仲間たちが繰り広げるさまざまなシーン。きっと読者の皆様も、「あるある」と共感するところがいっぱいあったのではないでしょうか？　決して特別な状況ではなく、本当にありふれたシーンなんですね。

それは言い方を変えると、「私たちは日常的に、自分を大切にすることを忘れそうになる」とも言えます。自分を大切にすることは、当たり前に見えて、実はちょっとしたことで失うものなのです。

そして、しろちゃんの周りのかわいいキャラクターたちが、どうしたらそれを防げるのかを伝えてくれます。このキャラクターたちも、「こんな人いる」と思えるようなキャラクターたちです。彼らも、同じ日常の中で、なんとか自分を大切にしてきているのです。

しろちゃんと、しろちゃんにアドバイスをくれるキャラクターたち。この違いは、ちょっとした考え方や、行動の違いです。でも、その〝ちょっとした違い〟によって、ストレスが大きく減り、自己肯定感も上がり、「なんとかなりそう」と思えるようになるのです。

私は常日頃から、「人生はモノの見方1つで変わる」ということを皆様に伝えてきました。世の中を見るのは、自分の頭です。ですから、自分の頭の使い方によって、人生はまるで違うものになるはずです。

しろちゃんのかわいい物語を読み終えたとき、きっとアナタのモノの見方が変わり、少し肩の力が抜けていることでしょう。

この本が、アナタの人生のお守りとなれますように。

精神科医Ｔｏｍｙ

精神科医Tomy（せいしんかい・とみー）

1978年生まれ。東海中学・東海高校を経て、名古屋大学医学部卒業。医師免許取得後、名古屋大学精神科医局に入局する。約40万フォロワー突破のX（旧・Twitter）が人気で、テレビ・ラジオなどマスコミ出演多数。著書『精神科医Tomyが教える１秒で不安が吹き飛ぶ言葉』（ダイヤモンド社）に始まる「１秒シリーズ」は、36万部突破のベストセラーとなった。『精神科医Tomyが教える 心の執着の手放し方』（ダイヤモンド社）の小説シリーズも反響を呼ぶ。『精神科医Tomyの気にしない力　たいていの心配は的外れよ』（だいわ文庫）、『精神科医Tomyが教える50代を上手に生きる言葉』（ダイヤモンド社）ほか、著書多数。

植月えみり（うえつき・えみり）

大阪在住。２児の母。大阪芸術大学デザイン学科を卒業後、玩具の商品企画、文具メーカーでイラスト、デザインの仕事を経験。現在は、癒しやゆるさを特徴としたイラストや漫画を執筆し、漫画雑誌「なかよし」で『おじねこ』を連載中。
X／Instagram　@QOOCHO_EMILY

精神科医Tomyの自分を大切にする習慣

2025年4月21日　初版発行

著　者　　精神科医Tomy／植月えみり
発行者　　太田　宏
発行所　　フォレスト出版株式会社
〒162-0824
東京都新宿区揚場町2-18　白宝ビル7F
電話　03-5229-5750（営業）
　　　03-5229-5757（編集）
URL　http://www.forestpub.co.jp

印刷・製本　　中央精版印刷株式会社

ISBN978-4-86680-308-1　Printed in Japan